融媒体时代下
新闻传播发展路径研究

王锋　李永红　著

延吉·延边大学出版社

图书在版编目（CIP）数据

融媒体时代下新闻传播发展路径研究 / 王锋 , 李永红著 . -- 延吉 :
延边大学出版社 , 2023.11
ISBN 978-7-230-05898-8

Ⅰ . ①融… Ⅱ . ①王… ②李… Ⅲ . ①传播媒介—研
究 Ⅳ . ① G206.2

中国国家版本馆 CIP 数据核字 (2023) 第 217000 号

融媒体时代下新闻传播发展路径研究

著　　者：王　锋　李永红
责任编辑：金钢铁
封面设计：文合文化
出版发行：延边大学出版社
社　　址：吉林省延吉市公园路 977 号　　　邮　编：133002
网　　址：http://www.ydcbs.com　　　　　E-mail：ydcbs@ydcbs.com
电　　话：0433-2732435　　　　　　　　传　真：0433-2732434
印　　刷：三河市嵩川印刷有限公司
开　　本：787 毫米 ×1092 毫米　1/16
印　　张：11.5
字　　数：200 千字
版　　次：2023 年 11 月第 1 版
印　　次：2024 年 1 月第 1 次印刷
书　　号：ISBN 978-7-230-05898-8

定　　价：45.00 元

前　言

　　新时代，随着信息技术的不断发展，新型传播媒介与以广播、电视、报纸、杂志等为主的传统媒介形式进行了优势融合，形成了"资源通融、内容兼容、宣传互融、利益共融"的融媒体新闻传播格局。在融媒体环境下，提升新闻传播质量，强化新闻传播效果，推动传统媒体与自媒体的融合共生，继续发挥新闻传播在稳定民心、促进社会和谐方面的作用，是当前我国新闻媒体机构转型发展的重要方向。

　　一方面，融媒体时代的到来改变了新闻采集、编写、传播的方式方法，借助新型的媒介，能够大大加快新闻信息的传播速度，对传统的新闻信息传播渠道进行整合，在发挥各自优势的基础上实现融合与互补，缩短新闻传播的路径，真正做到即时报道、即时传播。而且，在融媒体时代，新闻受众的文化水平不断提高，对新闻的需求也逐渐多样化。新闻传播要想在激烈的市场竞争中获得更好的发展，就应该主动走出当前的"舒适圈"，转变传统新闻传播的理念，重视新时代受众对新闻传播的实质需求，形成优势互补。融媒体时代的到来深刻改变了新闻的媒介格局、舆论环境和传播方式，自媒体的出现也给主流新闻媒体带来了一定的挑战。在新时代，如何应对这些挑战、实现层层竞争中的"关键破局"，成为各家媒体机构研究和探讨的重点内容。

另一方面，融媒体环境下，新闻传播的理念从单一走向多元、从封闭走向共享。与此同时，新型业态的不断涌现，如移动应用、社交媒体网络、短视频新闻、虚拟现实技术的出现都优化了新闻媒体的传播格局。传统媒体与新型媒体交叉融合，海量的信息内容、多元化的传播渠道、灵活的传播手段和超强的数据整合能力都为用户带来了全新的体验。因此，推动传统媒体与新兴媒体全面融合，形成双向互补的优势，净化新闻传播环境，提高新闻传播的时效性、价值性更加重要。

　　在此基础上，本书从融媒体与新闻传播的概念入手，以融媒体时代下新闻学理论、传播学理论、新闻传播理论等为着力点，首先探讨融媒体时代新闻传播的优势与特点，在明确传统媒体与新兴媒体差异的基础上，针对融媒体时代新闻传播过程中存在的不足，提出融媒体时代新闻传播的发展优化路径，并对融媒体时代的电视新闻传播、短视频新闻传播以及自媒体新闻传播的发展方向进行探讨。本书旨在促进我国新闻行业的发展，为新闻工作者应对融媒体时代带来的机遇与变革提供一定的参考。本书第一、二、五、七章为王锋所著，总字数为10万字；第三、四、六章为李永红所著，总字数为10万字。

　　本书在撰写的过程中，参阅了大量的文献资料，引用了诸多专家和学者的研究成果，在此表示最诚挚的谢意。

目 录

第一章　融媒体与新闻传播概述

在融媒体时代背景下，我国新闻行业发生了巨大的变革。新闻聚合以及社交平台的兴起，改变了人们获取新闻信息的方式方法。自媒体的发展，不断冲击主流新闻媒体的话语权。1998 年 5 月，互联网正式被联合国新闻委员会确立为与报刊、广播、电视并列的第四代媒体，从此打破了时间、空间的概念，整个世界被联系到了一起。随着传播媒介的不断发展与迭代，新闻传播环境发生了巨大的变化。传统主流媒体与自媒体融合，形成了多元化、交叉型的新闻传播格局。

2014 年，中央全面深化改革领导小组（2018 年改为中央全面深化改革委员会）第四次会议审议通过《关于推动传统媒体和新兴媒体融合发展的指导意见》，指出融合发展是适应媒体格局深刻变化，提升主流媒体传播力、引导力、影响力、公信力的重要举措。该文件的通过表示我国将推动媒体融合列为国家的重点项目之一。新媒体的出现并不意味着要取代传统媒体，而是推动新媒体与传统媒体的交叉融合，不断扩大新闻传播的领域范围，延伸至社会发展的各个角落。要想推动传统媒体与新兴媒体的融合发展，必须进一步深化内容、渠道、平台、经营和管理等多个方面的融合，构建新时代新闻传播格局。在自媒体的冲击下，传统主流媒体更应该发挥其社会公信力强、影响力广、宣传力强的优势，着力推动我国立体化、多元化、一体化、现代化新闻传播体系的建设。

由此来看，推动传统媒体与新兴媒体的融合已经成为我国文化产业建设的重要任务之一。随着融媒体环境的不断建设与发展，人们对新闻传播的要求也在不断提高。快节奏的生活方式之下，如何利用碎片化的时间满足人们对新闻传播的切实需求，成为摆在我国新闻传播工作者面前的难题。一方面，碎片化的阅读习惯大大压缩了新闻传播的时间，如何在短时间内迅速抓住人们的"眼球"，将有价值的新闻内容传播到受众手中，成为新闻传播工作者的首要难题；另一方面，互联网打通了人们"联系"世界的渠道，海量的信息得以通过网络渠道进行快速的传播，各种良莠不齐的新闻信息充斥在人们的生活，影响了主流新闻媒体的传播效果。

除此之外，人们的阅读方式也发生了改变，逐渐由"大屏幕"转向了"小屏幕"，从"横屏"转向了"竖屏"，从"长视频"转向了"短视频"。"短小精悍"的新闻内容能够迅速吸引人们的注意力，抢占人们闲暇时的时间，满足人们对多样化新闻信息的获取需求。

第一节　融媒体与新闻传播概念界定

一、融媒体

（一）融媒体概念界定

"媒体融合"这一概念是在 20 世纪 80 年代，由美国计算机科学家尼古拉斯·尼葛洛庞帝在其著作《数字化生存》中首次提出："比特会取代原子成为信息的基因，互动世界、娱乐世界和资讯世界终将合二为一。"自融媒体的概念提出以来，已经有不少学者、专家对其重新定义。比较有代表性的是清华大学传播学博士栾轶枚在其著作《融媒体传播》中对"融媒体"这一概念的高度概括，即"融媒体能够对各种媒介的传播规律和传播特点熟悉、并能够将各种媒介的传播优势进行集中，以最小的传播成为实现最大的传播效果"。同时，袁莉在《以文化人：融媒体时代的文化传播之旅》中提出了融媒体背景下从事新闻媒介创作的要求。其中提到，在融媒体时代，相关工作人员需要打破原有的"媒介舒适圈"，主动寻找新时代传播媒介的发展特点，提高对各种媒介发展的敏感度，把握受众的核心需求，并通过内容生产流程再造、技术引进、传播格局重塑等方式，构建一个全新的新闻内容生产、运行、传播机制，不断增强用户对新闻传播的黏性需求。

随着新时代媒介传播环境和信息技术的不断发展变化，根据总结以往各界学者对融媒体的理解与肯定，以及近年来融媒体发展的特点和未来趋势，在原有的基础上重新做出了补充和拓展。笔者认为：融媒体是指在互联网、大数据等信息技术的辅助下，在相关政策制度的支持下，能够使报纸、杂志、电视、广播等传播媒体与手机、电脑、网站网页或各种移动终端设备在技术上或者传播内容上实现融合，在充分发挥各项媒介优势的基础上，实现交融与共享，进而满足社会各个层面受众的信息获取、社交娱乐、生产生活等多元化需求的新型媒体形式。

（二）融媒体发展历程

纵观融媒体的发展历程，可以发现其是在多元化的环境冲击下而做出的应对与演变，不仅仅是从传统媒体到新兴媒体再到融媒体这样的单线发展方式，在传统媒体与新兴媒体的交汇中还逐渐实现了多个方面的融合与共生，并产生了新的发展特点。融媒体的发展历程一共可以分为四个阶段：

第一阶段是融媒体的萌芽时期：跨媒体。跨媒时期对融媒体的概念已经有了初步的设想，但是相对而言，信息技术的发展并不成熟，更多的是各个媒体之间的简单相连及叠加。跨媒体是指新兴传播渠道能够实现多个媒体的跨越传播，对从传统媒体中汲取相应的信息内容进行复制粘贴，在另一种传统渠道进行传播的方式。跨媒体更像是多家媒体建立的"合作机制"，仅仅是在信息内容上实现了分享与传播，扩大了信息传播的范围。受信息技术的限制，跨媒体缺乏大数据对信息传播的合理规划与布局，各媒体之间并没有实现深刻的交融。最重要的是，在跨媒体环境下，信息传播并未真正考虑受众的多元化需求，无法根据受众对信息的需求对受众进行垂直划分，"用户思维"尚未建立。

第二阶段是融媒体的发展时期：全媒体时期。从理论上讲，全媒体一共有两层含义，一种是传播形态的全媒体，一种是媒体运营的全媒体。全媒体时代加速了传统媒体与新兴媒体的融合速度，同一种信息产品通过不同形式的媒介加工能够成为不同的产品形态，从而在媒介领域内实现快速传播。与快媒体相比，全媒体实现了各种媒体的优势互补，扩大了信息传播的领域。

第三阶段则是融媒体的全盛时期。在这一阶段，各个媒体之间实现了相互融通，不再是之前简单的"合作关系"，而是真正实现了"融合与共生"，实现了资源通融、内容兼融、宣传互融、利益共融。相比于前两个发展阶段，这一时期融媒体的"融合"优势真正地体现出来。相比于全媒体时期的"全"，融媒体时期更加注重各个媒体之间的优势互融，从而获得最大化的信息传播效果。当前，我国正处于融媒体向下一阶段智媒体发展的关键时期，信息技术的急速变革为融媒体环境的建设奠定了基础。

第四阶段是融媒体发展的变革时期，即智媒体。在融媒体环境发展建设的背景下，智媒体成为下一阶段的新发展趋势。随着大数据、人工智能逐渐应用于人们生产生活的各个场景，构建智慧化的媒体应用情景已经成为我国互联网建设的下一轮发展目标。融媒体环境的建设虽然加快了信息生产、传播以及应用的速度，但在信息传播的过程中仍然存在一些不可避免的问题。如何有效利用以大数据、人工智能为代表的新一轮科技来缩短大众获取信息的时间、为用户创造更多的价值、不断对用户进行细分、满足用户的核心需求成为下一阶段"智媒体"的目标。"智媒体"时代的到来，能够利用海量的信息数据对用户的"信息行为"进行分析，不断向其推送符合其偏好的、高价值的信息，培养用户获取信息、选择信息的能力。

（三）融媒体时代信息传播的特征

在融媒体时代，信息传播呈现出多种传播特征。

首先，就是信息传播与网络用户的"社交圈层"相结合，社群传播带来的裂变式传播效应改变了传统信息垂直性的传播方式，为用户提供了多元化的信息获取渠道。而且，以"熟人圈子"为基础的信息传播渠道使得用户的参与感大幅提升，"去中心化"的交互式传播改变了以"传播者"为主的传统信息传播结构，任何一个用户都是信息的制造者、传播者，都能够根据自身的偏好推进信息的传播，用户有较大的选择空间。

其次，碎片化的传播特征。市场经济的快速发展对人们的时间进行了"切割"，快节奏的生活方式使得信息传播的内容和形式逐渐向

"碎片化"和"精准化"的方向转变。网络受众的时间变得越来越碎片化,人们能够随时随地获取想要的信息资讯,不再受制于传统媒体时间和空间的限制,短小精悍的文章越来越受到社会大众的青睐。

最后,信息的精准化传播。大数据、人工智能的普及,使得信息传播的速度加快,媒体平台能够根据用户在网络中的"信息行为"建立用户档案,通过大数据的分析实时向受众推送精准的信息内容。相关媒体平台能够实时监测用户的行为,从而获得及时有效的信息反馈,并不断对用户进行细分,满足用户的核心需求。精准化的信息传播建立在高效的数据分析的基础上,根据用户的"信息行为",媒体平台能够主动对用户进行细化与分类,建立个性化数据库,不仅能够实现信息内容推送的个性化,更重要的是能够满足用户对信息获取习惯、获取方式、获取时间等多个方面的需求,真正做到以用户为中心的精准化信息传播。

二、新闻传播

(一)新闻传播的概念界定

新闻传播是以新近的变动事实为主要依据和来源的,"新闻"是内容,"传播"是活动。这也表明,新闻传播必须以既定事实为前提和依据,新闻的内容对新闻传播活动起着决定性的作用。新闻传播的过程,反映了人的主观意识和精神,也是人对客观世界的一种认知和把握。新闻传播模式主要有两种,一种是单向的、线性的传播模式,另一种是双向的、发散式的传播模式。

(二)新闻传播的特征

从传播角度来讲,互联网的出现开创了人际传播、群体传播以及大众传播在同一载体同时并存的新传播形态，是新闻传播历史上一个新的里程碑。首先，以互联网为基础的新闻传播提高了社会大众参与公共新闻传播的可能性，打破了传统媒体机构对新闻信息的垄断，社会公众在新闻传播中的作用不断提高；其次，新兴技术手段与新闻传播平台的不断融合，改变了新闻传播的格局，为多元化的信息传播提供了足够的空间；最后，传统媒体到新媒体的发展，使我国新闻传播效果有了质的飞跃，融媒体时代下的新闻传播呈现出了新的特点。

1. 时效性

从新闻的概念来看，新闻是公共传播新近变动事实的信息，新闻是整个传播活动的中心，必须是真实有效的和新近变动的事实，这就表明新闻传播的活动必须具有真实性和时效性。过去，新闻传播在传递社会信息、稳定民心、构建和谐社会方面发挥着重要的作用。随着信息技术的进步及其在我国新闻传播领域的不断实践，我国新闻传播被赋予了更多的特征，但是时效性仍然是新闻传播最基础、最本质的特征之一。传播的新闻信息一旦失去了时效性，那么就丧失了其最核心的作用。无论是传统媒体还是新兴媒体，其在发展过程中最重要的核心都是不断提高新闻信息传播的速度，力求能够做到"即时发布、即时传播、即时接受"。新闻信息发布的时间越短，新闻的价值就越高，其传播的效果也就越好。过去，人们获取新闻信息主要是通过电视、报纸、杂志或者广播等手段，新闻获取的时间或者信息量较为固定，而且人们只能收到前几天或者更久远的信息，对新闻信息的利用率较低。

2. 互动性

新闻传播的范围越来越广，与各行各业都产生了稳定的互动关系，新闻传播的互动性能够加强人与人、人与社会之间的交流。尤其是在互联网信息技术的推动下，新闻传播的"互动性"变得更加明显。由传统的以纸质为媒介、线性的传播方式转变成以信息网络为主要媒介的、网状式的双向互动传播，新闻传播的互动功能得到了大大加强。新闻传播的产生与发展是以人与人、人与社会之间的交往关系为基础的，新闻传播的互动功能能够将广泛的受众群体吸引到新闻传播活动中，加快新闻传播的速度，拓宽新闻传播的范围。在新闻传播活动中，新闻传播媒体之间的互动、受众与受众之间的互动、传播媒体与受众之间的互动等都是影响新闻传播效果的重要因素。

信息时代，各行各业的发展都离不开与新闻传播行业的"有效互动"。简单来说，新闻传播能够将有关行业发展、时政资讯、科学技术、政策扶持等的信息及时、有效地传播到有特定需求的受众那里，从而强化新闻信息的价值。而且，新闻传播在与社会各行各业的交流互动中，可以带动更多的社会个体、群体机构参与新闻信息的传播活动，使新闻信息的传播与反馈同时进行。这样不仅能够有效保证新闻传播的全面性、真实性，还能够更好地"聆听"社会大众的声音。

3. 全媒体化

全媒体化作为新闻传播中最重要的特征之一，在新闻传播理论研究中起着极其关键的作用。在互联网信息技术出现之前，新闻信息传播主要是以报纸、广播、电视等传播媒介为主，信息传播的方式较为单一。随着信息技术革命的不断延伸与发展，新闻信息传播的新形式出现了。以文字为主要内容的新闻信息传播受到了以视频、动画图像为主的新闻传播方式的冲击，传播的内容和形式也逐渐变得多元化，增强了新闻传播的趣味性。新时代，新闻传播摆脱了传统媒介的束缚，以网络传播为基础的新媒体传播与传统的新闻传播方式并行，全媒体的新闻传播格局得以形成。全媒体新闻传播格局有效覆盖了社会所有的群体，人们在不知不觉中就会以主动或者被动的形式参与到新闻传播的活动中，增强了新闻传播的效果。

4. 内容真实

在不同的社会环境中，新闻行业都以真实叙述新近事实并服务于社会公众生活为主要的目标。无论世界上各个国家之间的新闻机构、体制机制、文化背景以及新闻报道手法有何种不同，在新闻传播中"寻真"都是新闻工作者普遍存在的共识。"真实"是新闻传播行业存在的基石。新闻传播承担着构建现代社会认知框架的角色，对塑造社会大众的价值观念和基本道德思想具有重要的作用，也承担着传播知识、引导舆论的作用。无论新闻行业如何发展，真实可靠都是新闻传播最重要的特征之一。

在融媒体时代，大数据、人工智能等信息技术应用在新闻传播领域，"智慧化"的新闻信息生产、传播格局正在形成，社会大众只要通过手机、电脑等，便可以主动参与到新闻信息的生产、传播、互动过程中，从多个角度对新闻内容进行报道，保证新闻内容的真实有效。社会媒体都会生产数以万计的新闻数据，信息的收集、处理、制作和传播已经超出了传统新闻行业发展的"边界"。不同于一般的文化产业，新闻行业的传播范围更广，新闻传播必须在第一时间让受众了解新闻事件发展的真相，控制社会舆论，弘扬正能量。

因此，融媒体时代的新闻工作者，在新闻传播的过程中要严格强化其信息获取、审核、传播和反馈的各个环节，不断增强新闻受众对新闻传播机构的关注和信任，真正做到"言而有信"。

5. 主流媒体与自媒体传播并行

随着融媒体时代的发展，新闻的生产、传播不再是传统主流媒体的"专属特权",逐渐形成了主流媒体新闻传播与自媒体新闻传播融合发展的新闻传播格局。

一方面,主流媒体在长时间的新闻传播工作中有了坚实的群众基础,拥有较高的群众信任度,能够发挥其在引领社会主流舆论、传播社会主义核心价值观念、稳定民心等多个方面的重要作用。我国在建设"全媒体新闻传播体系"的过程中多次明确强调了"逐步构建起网上网下一体、内宣外宣联动的主流舆论格局"的重要性。事实上,无论全媒体新闻传播格局的建设进行了怎样的技术创新和制度建设,其目的都是为当代社会大众构建一个良好的社会环境,丰富人们的精神生活。在"新闻传播"发展建设的过程中,主流媒体发挥了其他媒体无法比拟的优势。

另一方面,自媒体的出现打破了由新闻机构"统治"的传统格局,普通社会大众也能够参与到新闻信息的生产和传播中,形成了主流新闻媒体与自媒体传播并行融合、相互补充的格局。相较于传统主流媒体来说,自媒体的"门槛"较低,受众能够自由地掌握新闻传播的内容,表达自己对新闻事件的看法。而且,自媒体的出现有效弥补了传统新闻传播过程中存在的"延迟报道"现象,社会大众能够在新闻事件发生的第一时间利用手机传播身边的时事新闻,在最大限度上保证新闻传播的时效性。自媒体新闻传播的"高度自由"还有效扩展了新闻传播的受众,使越来越多的社会大众主动参与到新闻信息的传播中。以人际关系为基础的网络社交圈层与新闻传播的路径相融合,有效满足了受众对新闻传播的即时互动需求,大大加强了新闻传播的效果。

第二节 融媒体时代新闻传播理论基础

一、传播学理论

传播活动与人们的生产生活习惯息息相关。在古代，统治者颁布的政令、军队的捷报、人们之间的信件往来都属于信息传播的范畴。在人类历史的发展过程中，传播媒介是传播活动的重要组成部分，在人类历史长河中经历了从口头传播到纸质信息传播，再到印刷传播、网络传播的四个阶段，无论是信息传播的范围还是效果都得到了有效的提升。尤其是近代以来，计算机信息技术的发展使得信息传播的速度和范围实现了裂变式的增长，信息传播与人们的生产生活、文化娱乐、社交互动紧密结合，真正将其作用和价值发挥出来。

我国许多著名的学者都对传播学进行了多个角度的研究，丰富了传播学的理论基础，使其更加契合我国的国情和社会发展现状。例如，我国著名的学者郭庆光教授认为，传播就是指社会信息的传播和社会信息系统的运行。将整个社会看成一个信息传播的大环境，所有的社会大众都置身于信息传播活动之中，互相作用产生一定的传播效果。邵培仁教授在其著作《传播学》一书中提到，传播就是人类通过文字或者符号以特定的媒介进行信息交流以期发生相应变化的社会活动。

综上，根据中外学者对传播的定义，我们可以认为：传播就是在特定的社会关系中，人与人、人与社会之间在一定的媒介作用下产生的信息交流形式，而且能够产生相应的信息传播效果。传播主体、传播内容、传播媒介、传播受众、传播效果共同构成了传播学的五大要素。另外，从上述分析中我们不难看出，传播是人与人之间固有的一种社会活动，人类传播活动的实现也必须依赖一定的传播媒介，传播特定的信息内容，实现一定的传播效果。

传播学理论是研究融媒体时代下新闻传播发展路径的重要理论基础之一，以传播学理论中五大基本要素为切入点，能够正确地梳理整个新闻传播过程的脉络，把握融媒体时代下新闻传播发展的现实方向，促进融媒体时代下新闻传播行业的创新发展。

二、新闻学理论

（一）新闻的特性

要想分析融媒体时代下新闻传播的发展路径，必然离不开对"新闻学"的研究。不同的新闻内容有着不同的属性，对人们的思想认知、文化娱乐、兴趣偏好都产生了不同的影响。而且，新闻传播的方式多种多样，人们能够通过报纸、杂志、电视、广播、手机等媒介了解到新近发生或者正在发生的新闻事件，满足人们的求知需要。

从新闻的特性来看，真实、新鲜是新闻最主要也是最基本的核心特征。这也与人们日益增长的求知欲望有着分不开的关系。就本质而言，新闻的产生就是为了满足人类在生存和发展过程中的实际需求。真实、新鲜的新闻事件能够满足人们的求知欲望，丰富人们的精神内涵。我国学者对新闻的内涵进行了多方面的研究，基本都集中于新闻的"真"和"新"两个点上。新闻是报道，表现出了新闻的形式；新闻是信息，概括了新闻的实质。简单来说，新闻就是通过报道能够让更多的受众群体了解新近发生事件真实情况的信息。

（二）新闻的分类

除对新闻的概念内涵进行深入研究之外，我国学者还根据不同的分类标准对新闻的种类进行了严格的梳理和划分。例如：以新闻的内容来进行划分，可以划分为经济新闻、政法新闻、文化新闻、娱乐新闻、体育新闻等，新闻组织机构选择相应的新闻侧重点，来满足特定群体的新闻需求。以地域划分，可任意划分为国际新闻、国内新闻，国内新闻又可以分为全国性的新闻和地方性新闻。以时间来划分，可以分为突发性新闻、延缓性新闻。事实上，新闻的本质就是"新鲜的信息"，新鲜程度越高，越能够满足人们的需求，越能够激发起人们的求知和探索欲望。

按照新闻媒体和读者之间的关系来划分，还可以分为"软新闻"和"硬新闻"。所谓"硬新闻"就是指相对正式、严肃的新闻内容，一般涉及时政、法律、军事、民生等话题，包括党和国家的重大战略方针政策、政府的规划纲要、市场经济的变动、紧急公共卫生事件、重大自然灾害报道等，是关乎人们自身利益的新闻话题，用词必须严谨、正确，能够对新闻的内容和重点进行清晰、直观的表述，为人们的工作和日常生活提供一定的决策依据。而"软新闻"则与"硬新闻"相反，它和人们的切身利益并无直接性的关系，其内容侧重于使人放松身心、休闲娱乐、增长见闻，它可以使受众开阔眼界、陶冶情操、放松娱乐，旨在满足人们的精神文化需求。一般涉及八卦娱乐、文化活动、休闲旅游等话题。

"软新闻"除题材"软"之外，更重要的特点是传播形式"软"和内容风格"软"。就传播形式来说，"软新闻"的传播形式更加丰富，"硬新闻"的新闻题材较为严谨，一般采用"文字＋图片＋视频影音"

等形式，排版结构严谨。而"软新闻"除基础的文字、图片、视频资料之外，还可以采用动画、动漫，甚至将"表情包"插入其中，使新闻传播的形式更加贴合当下年轻人的阅读习惯，从而不断增强用户黏性。随着我国信息技术发展速度的加快，人们对文化娱乐、休闲旅游等"软新闻"话题的关注度日渐高涨，"软新闻"逐渐成为人们日常生活中不可缺少的"精神食粮"之一。

（三）新媒体理论

对于融媒体时代新闻传播发展路径的研究，自然离不开对新媒体理论的研究。事实上，新媒体并不是一个恒定不变的事物，也不特指哪一类新出现的媒介技术，而是相对于传统媒介来说的概念。例如，在以口头、纸质等为主要信息传播方式的年代，印刷术的出现大大提高了信息传播的速度和体量，对于传统的口头、纸质传播形式来说，印刷术就是新媒体。而在以文字为主要传播形式的时代，计算机技术的出现使得信息所承载的内容变得丰富起来，以电子设备为主的信息传播方式就是新媒体。随着计算机技术的不断革新与延伸，在大数据技术、人工智能等新技术的推动之下，新媒体的概念与内涵变得更加丰富起来。而融媒体在广义上是指一切媒介以及相关要素的汇聚与融合，是在"传统媒体＋新媒体"的基础上进行的融合。媒介种类的齐全只是媒体融合的表象，是其发展过程中的基础设施建设，而真正的媒体融合是能够将不同媒介机构的优势发挥出来，根据其自身特点，利用最小的成本拓宽信息传播的渠道，实现最大的信息传播效果，不断占领市场发展过程中的各个用户市场。

加拿大原创媒介理论家马歇尔·麦克卢汉曾经在其著作《理解媒介：论人的延伸》一书中提出了"媒介即讯息"的重要理论。此外，他还指出，任何媒介都是人的感觉能力的延伸，广播是人类听觉能力的延伸，能够将远在千里之外的信息以数字化的形式"传播"到人耳之中，而纸质媒介、印刷媒介则是人视觉能力的延伸，人们只要通过眼前的纸质媒介便能够获取、了解其他地区已经发生或者正在发生的新闻事件。而在融媒体环境下，网络传播是人类视觉、听觉、感觉的综合性延伸，能够将人类无法触及的信息知识以特定的形式传播到人们的手中，丰富人们的精神世界。而电子媒介的发展则具有传统媒体无法替代的优势，更像是人类中枢神经系统的延伸。具体来说，在以电视、广播、通信为主的传统信息传播方式中，只能够满足人类单方面的感官需求，而电子媒介的传播让信息更加"立体"，受众能够获取多元化的信息资讯。另外，与传统的信息传播媒介相比，新媒体的信息传播是双向的，受众不再是信息传播链条的最底端，而是能够自由地通过网络获取信息资讯，进行灵活的创新与应用。

麦克卢汉指出，当前我们正在接近于人体延伸的最后一个阶段，即意识的技术模拟阶段。在这个阶段，知识的创造性过程延伸至整个社会，如同我们通过各种媒介延伸了我们的感官和神经一样。笔者认为，麦克卢汉提出的"最后阶段"，正是指"智慧化"的信息传播方式，其与融媒体的概念不谋而合，将人的感官意识通过媒介无限延伸，以最小的成本满足人们的信息获取需求，并以"信息网"的形式将人类囊括其中，这也是融媒体环境下新闻传播能够持续发展的重要原因。

加拿大经济史学家哈罗德·亚当斯·英尼斯指出：媒介的形态决定了国家和社会的形态。传播媒介可以是一种事件的媒介，易保存的信息媒介形式更有利于形成森严的等级制度，也可以是一种空间的媒介，如电报、电视、广播等，能够有效突破空间的障碍，更有利于统治者控制国家政权。笔者认为，英尼斯关于媒介理论的观点更加适用于"主流媒体"。主流媒体作为国家和政府对外宣传政策信息的主要渠道，只有掌握好话语权，持续输出具有正向影响的信息内容，才能不断提高民众的信任度，发挥主流媒体在控制社会舆论、稳定民心、调节民众情绪等多个方面的作用。

就本书来说，新媒体的出现改变了新闻传播的方式方法，给传统的主流舆论媒体带来了一定的冲击，高度自由的网络社交也使得官方媒体很难控制信息的来源与内容，海量的信息叠加使得人们获取信息的"耐心"不断下降，"碎片化"阅读习惯已经成为信息传播的主要趋势。这更加需要传统主流媒体不断加强自身的"话语权优势"，这样才能够在海量的信息传播中发挥控制社会舆论、构建和谐社会的重要作用。

（四）使用与满足理论

使用与满足理论的提出是新闻传播领域的一大重要贡献。与其他理论的切入点不同，使用与满足理论是从受众的角度出发，集中关注个人如何在大众传播媒介的使用中获得自我满足，以及大众传播媒介与受众自我满足之间存在的关系

"使用与满足"作为传播学理论中唯一一个从受众行为出发的理论，自然与其他理论不同。从其内涵来看，"使用与满足"理论将受众看成有特定信息需求的个体，把自身的媒介接触活动看成其"使用"媒介、满足自身需求的活动过程。学术界以 20 世纪 70 年代为分水岭，把该项研究活动分为传统和现代两个时期。在 20 世纪 70 年代早期，一些学者主要强调媒体消费的各种动机或者寻求的各种满足，以及人们是否得到了满足。寻求满足和得到满足是两个不同的概念。研究人员发现，在寻求满足和实际获得满足之间仍然存在着一定的差异。

使用与满足理论的提出是传播学研究中一个重要的转折点。在之

前的研究中，都是从信息传播的源头出发，将受众放置于信息传播链条的最底端，受众处于被动接受、被动传播的状态。受众获取信息的主观能动性降低。而这种情况在很大程度上也受制于信息传播手段的发展。例如，在以计算机和互联网为技术的信息革命之前，人类主要的信息传播方式以报纸、书籍、电视、广播等为主，受众获取信息受一定的时间和空间的限制。而随着互联网信息技术的发展，人们能够随时随地通过移动网络获取信息，与信息传播的主体机构产生互动，极大增强了受众在这个信息传播链条中的参与感。"使用与满足"理论的提出顺应了时代发展的变化，将整个传播链条中的焦点转移到"受众"上来。

笔者认为，融媒体环境下，使用与满足理论更加适用于"自媒体"研究。随着信息技术的发展，传统主流舆论媒体的话语权不断被冲击，社会大众能够通过手机移动网络发布信息，获得关注。自媒体的出现满足了受众的信息获取、社交、文化、娱乐等多种需求。为了不断满足人们的精神文化需要，学者们不断地将"受众"放在传播链条中的首要位置，并根据受众的需求不断对信息的传播方式、传播内容、传播途径进行细分，找到最核心的目标受众，这也是"受众思维"转向"用户思维"的根本原因。

（五）"受众"与"用户"

"受众"是传播学中的概念，传播者、传播媒介、受众构成了一条完整的传播链条，而"用户"一词则是营销学中的概念，是指某一种技术、服务的使用者，即被服务的一方。简单来说，受众是模糊的、大概的一群人。而用户则是具体的、清晰的、经过层层细分的精准群体。随着媒介融合的障碍不断被突破，各种媒介纷纷在网络上实现了交叉融合，展现出了强大的信息检索、收集、发布和互动的功能。媒体和受众之间的"距离"不断缩短。传统意义上的"受众"已经不能够代表融媒体环境下网络群体，新的参与形式"用户"已经逐步取代了信息接收式的"受众"，成为融媒体环境下对网络群体新的概括。

　　使用与满足理论的提出，将"受众"放到了"传播链条"的中心，以激发受众群体的主动性为目标，不断提高受众的"满足度"。在此之下，"用户思维"被提出。用户思维主要强调在网络环境中，不仅存在反馈式的互动，用户自身也能够自主选择、自主参与、自主生产，不再是单一的"接收者"身份，而是集"信息接收者""信息传播者""信息生产者"三重身份于一体。"用户"一词则更加强调主动性、独特性和差异性。在营销学中，传统的消费者是被动、可预测、顺从、孤立的个体，即"生产什么消费什么"。而在融媒体环境下，信息消费者掌握了绝对的话语权和主动权，消费者能够根据自身的需要灵活地选择想要接收的信息，不断满足自身的需求。

第二章 融媒体时代新闻传播的优势

融媒体环境提供了丰富的渠道和资源，受众也不再处于新闻传播链条中的最底层，是被动的接收者，而是能够主动参与到新闻信息的制作、传播中，共同促进整个社会新闻信息的流通。在"信息碎片化"发展趋势下，消费者更渴望便捷的新闻信息服务。公共主流媒体与自媒体共同形成了一个"媒体融合"的生态圈，以大量的优质内容为基础，实现了世界范围内的优质内容信息聚合。围绕"内容建设"这个核心，新闻传播有效聚合了传统的电视、报纸、广播媒体，以及以微信、微博为基础的自媒体，将新闻信息的传播延伸至社会发展的各个角落，同时带动更多的用户自发参与，使得优质的信息内容能够在短时间内得到最为广泛的传播，不断提升新闻传播的价值影响力。

第一节 满足受众多元化需求

从传播学角度来讲，在新时代，受众不再是简单地接收信息，而是能够结合自身的社会地位、文化知识、信息消费能力对接收到的信息进行不断的解码，内化其价值，最终为自己的思想行为提供一定的指导。在融媒体环境下，新闻受众的数量不再是新闻传播中的决定性优势，新闻媒体之间的竞争正在从规模逐渐向质量转型。新闻传播不再是传统媒体生产什么受众就接受什么的格局，而是转变成了"以用户为中心"的竞争格局。如何能够抓住"新闻用户"的切实需求，生产出人民群众喜闻乐见、有价值的优质内容，成为新闻媒体不断探讨的话题。在"内容为王"的时代，新闻传播媒体必须树立"用户思维"，主动了解当前新闻用户的多元化需求，在提升内容质量的同时，实现新闻传播影响力的最大化。

一、传播内容逐渐"年轻化"

融媒体时代，网络上每天都会出现大量的社会信息，媒体的形态发生了巨大的变化，受众群体也发生了相应的变化。简单来说，以网络传播为主要阵地，受众群体的年龄逐渐"年轻化"。新闻受众群体的"年轻化"趋势不断推动新闻传播行业的发展与变革，以期能够满足新时代年轻群体的新闻需求。"年轻化"的用户也逐渐成了新闻传播的"目标群体"。要想研究融媒体环境下新闻传播满足了受众的哪些需求，就必须了解融媒体环境下新闻的受众群体具有哪些特征，展开针对性的研究。当前，80后、90后、00后已经成为新闻传播受众的主要群体，研究他们的文化认同、阅读习惯和审美取向对融媒体环境下新闻传播媒体的创新改革具有重要意义，这也是未来新闻传播媒体转型发展的一个重要风向标。

在融媒体环境下，新闻媒体的生产过程、产品形态以及题材内容等多个方面都做出了相应的改变，加强了对年轻受众群体的吸引力。

第一，从新闻生产的流程来说，与传统新闻的生产过程相比，融媒体时代下的新闻生产更加呈现出一种"扁平化"的特征，即不再是少数的新闻媒体掌握新闻信息传播的话语权，普通的受众也能够参与到新闻信息的生产、传播中，从而吸引了更多年轻用户参与其中。年轻一代的受众群体更加渴望从传播信息的过程中获得满足感和存在感，这也是"自媒体"能够逐渐与主流媒体"平分秋色"的主要原因。融媒体环境构建了一个更加自由开放的信息市场，每个人都能成为新闻的发布者和分享者，推动新闻实现更快、更广的传播。除传播主体的多元化之外，信息分享渠道也逐渐多元化，不再是传统新闻传播格局下以电视、广播、报纸等为主的新闻传播渠道，而是将新闻传播渠道与人们的网络社交圈层相融合，从而推动了新闻信息的裂变式传播，不仅满足了受众的信息获取需求，还满足了受众的社交需求。这些"年轻化"的新闻传播特征恰好满足了受众对新时代新闻传播的需要。

第二，从新闻内容创作来看，融媒体环境下的新闻传播利用短视频、影音资料等丰富了新闻传播的形式，使新闻传播更加"接地气"，不再是枯燥无味的新闻传播和说教，不同新闻内容所呈现的"风格"也更加明显，有效迎合了不同兴趣偏好的受众需求。

在融媒体环境下，新闻传播不再是"自上而下"的关系，媒体机构与受众处于平等的地位，媒体机构主动贴合受众的现实需求，紧紧抓住当前社会大众最关心的核心问题，受众也能够及时通过互动平台表达对新闻内容的看法和观点。随着社会大众文化水平的不断提高，年轻一代的受众群体迫切需要从网络中获得相应的认可和尊重，而新闻传播作为社会大众增长见闻、提高文化水平的重要途径之一，自然而然地成了年轻人主动寻求交流的重要阵地。这样的方式有效拉近了受众与媒体之间的距离，增强了年轻群体对新闻传播的好感，使新闻传播不断与年轻人的社交圈层相融，从而拓宽了新闻传播的渠道。

第三，在产品形态方面，新闻产品逐渐变得"短小精悍"，符合当下年轻人碎片化的阅读习惯。短视频新闻能够快速吸引受众的眼球，在很短的时间内将整个新闻事件的时间、过程、结果传播给受众，保证受众能够第一时间获取最新的新闻资讯。短视频新闻内容的制作方法灵活多变，不再是传统的"文字＋图片"的报道形式，而是融合了视频资料、文字、音频、动画等多种形式，信息的承载量也更加丰富。年轻的受众群体更习惯通过"三微一端"等新媒体来获取信息。在融媒体环境下，受众的新闻信息接收方式发生了变化，短视频新闻的发展正迎合了当下年轻人依赖"手机"获取信息资讯的习惯，在新闻产品的形态、叙事风格上也更加灵活多样。短视频新闻的时间一般控制在一分钟到五分钟之间，内容丰富、制作精练，从而迅速引起了年轻用户的广泛关注，使广大的社会群体纷纷参与到短视频新闻的制作和传播当中。自媒体的出现也促进了短视频新闻的快速发展，相比于以文字为主的新闻形式，短视频新闻的"参与门槛"更低，受众只需要用手机对身边发生的新闻进行拍摄、记录、上传，并加以简单的说明，就能够完成整个新闻传播的过程。相比于单纯的文字，由视频、音频资料组成的短视频新闻更能激发受众的强烈共鸣，传达社会主义核心价值观，提升受众的"满足感"。

在题材方面，融媒体环境下的新闻传播也具有"年轻化"的趋势。随着新闻传播的市场的不断优化，文化、娱乐、体育、休闲旅游、民生百态、公共医疗等多元的新闻题材出现在大众眼前。在受众年轻化的趋势下，新闻的题材也不得不紧抓当前年轻人最关心的社会话题，帮助其在网络中找到"归属感"。同时，一些新技术的使用也使得新闻的素材更加丰富，无论是在画面呈现上还是在传播手法上，都极大地强化了新闻传播与受众之间的情感交流和共鸣效果。新闻题材的丰富满足了不同年轻群体对新闻传播的特定需求，新闻媒体一旦找到这种具有"特定需求"的受众群体，持续不断地输出优质的新闻内容，就能够使其成为"忠诚用户"，从传播信息到传播"信任"。

二、精准化的信息服务

新时代，如何充分调动受众的主观能动性、满足受众在新闻传播过程中的多元化需求，成为融媒体环境下新闻媒体热烈谈论的话题。

在融媒体环境下，受众对新闻传播的喜好呈现了多样化和精细化的特征。美国学者阿尔文·托夫勒在他的著作《未来的冲击》一书中首次提出了"分众"这一概念。所谓的"分众"就是将原本没有差别的社会大众按照一定的因素或者分类方法对其进行进一步细分，形成多个带有明显"标签"、持有相同特点的群体组织。这群人有着较为相似的价值观或生活习惯，对某一类事物的看法相似，或者有着较为相同的信息接收习惯。"分众传媒"应运而生。这也正顺应了融媒体时代某些特殊群体对信息的特定需求，促进了传播对象的精准化和精细化。

随着信息技术的不断进步，新闻信息的传播范围越广、传播对象越多，需要付出的传播成本也就越高。传统新闻传播"广撒网、多捞鱼"的模式已经不再适合新时代下的新闻传播格局。新闻传播媒体必须以最小的传播成本收获最大的传播效果。对传播对象的精准划分恰好满足了这一需求。首先，精准划分的传播对象降低了新闻媒体机构的传播成本，只需要将新闻内容传播到特定的群体，便能够收获较强的传播效果。其次，精准划分的传播对象一般是某一类新闻信息的"忠实用户"，"关系维护"成本较低，这类人群一般有相似的信息获取偏好，更加方便新闻媒体工作的开展。

（一）个性化的定制服务

个性化的定制服务是一个产品市场未来发展的方向。对于新闻传播而言，在融媒体环境下，个性化定制服务的前提就是传播对象的精准化，在新闻内容方面进行"垂直深耕"，不断对受众对新闻信息的需求进行细分，为其提供更具针对性的信息服务。在分众传播的影响下，逐渐形成了"圈层文化"，这也有效迎合了当下年轻群体"爱贴标签""渴望获得归属感"的心理。用户个性化和多样化的新闻需求是新闻媒体在新闻内容生产过程中要考虑的重要因素之一，新闻媒体将新闻产品分为多个大类，并不断拓展了多个传播阵地，满足了受众的切实需求。

（二）精准推送

大数据、人工智能在新闻传播领域的不断应用使得新闻受众群体不断被细分，到最后，新闻传播的目标受众往往是单独的个体而并非群体。以先进的信息技术为支撑，利用数据挖掘技术、数据存储、分析对用户身份、偏好、习惯进行精准分析和识别，使用户在互联网上的信息获取行为呈现"半透明"的状态，其新闻浏览记录、互动频次、阅读偏好都被跟踪和记录，为后续的精准识别和精准推送提供相应的数据支撑，在与用户的互动中增强受众对新闻媒体的依赖性。

三、互动式的传播链条

随着文化水平的不断提高，人们已经不再满足处在传播链条最末端、被动式地传播的现状，受众渴望参与到新闻传播中，发表自己的看法。在融媒体环境下，利用网络进行社交已经成为当下社会群体的主流趋势，推动新闻传播与受众的社交圈层相融具有重要的意义。在融媒体环境下，不同的媒介平台相通互融，各种资源的边界逐渐模糊，受众在新闻传播过程中的主动性和创造性得到了明显的提高。

（一）受众角色功能的丰富

融媒体环境的技术性、互动性、平台性、参与性、社群性和碎片化特征很容易吸引年轻的受众群体主动参与进来。尤其是互动性的属性，彻底激发了受众在新闻传播过程中的多样化需求。在马斯洛需求层次理论中，尊重需求和社交需求属于第三、第四层次的需求，在物质条件相对丰富的现代，满足受众的尊重需求和社交需求已经成为众多行业发展的目标。以计算机、互联网为基础的社交平台应用软件应运而生，利用电脑、手机等便可以在网络中进行自由的"社交"，这尤其符合年轻一代受众的"社恐"心理。在网络世界，能够自由地发表言论，寻找自己的兴趣爱好，这激发了受众的多样化需求。传统的新闻传播主要依靠人际关系，当新一代受众群体"转战"网络市场后，受众的角色和功能都发生了颠覆性的变化。

首先就是受众的"兼容属性"增强。受众不再是单一的内容接收者，而是兼容了新闻传播过程中"制造者、传播者、接收者"多个属性，能够自由地参与到新闻的制作、传播中，当他们接收到对自己"有价值"的信息之后，便会立刻成为信息的传播者，推动新闻内容的二次、三次传播。

其次，受众的"调节属性"增强。在传统的新闻传播过程中，新闻传播机构在发布新闻信息之后，并不会主动考虑受众对此类新闻信息的感受。相对来说，受众对新闻传播的反馈能力较弱，对新闻的内容、选题方向、排版设计、叙事方式等多个方面的调节能力较弱，基本上"媒体传播什么受众就接受什么"。而在融媒体环境下，受众与新闻媒体之间的互动交流实际上也是一种"调节"，能够让媒体机构更快、更直接地掌握受众的需求，从而创造出更加富有针对性的话题新闻，优化整个新闻传播体系。

除此之外，受众的"调节功能"属性还体现在对社会舆论的引导上。以往，对社会舆论的引导和调节主要是主流媒体的责任，当社会中出现一些虚假的、误导社会大众的新闻信息时，主流媒体会在第一时间调查新闻信息的真相，进行辟谣，保证社会舆论环境的清明。而随着社会的发展，社会大众的新闻素养有了普遍的提升，对新闻信息也有了一定的判断能力，自觉地承担起维护社会舆论环境的责任。

在融媒体环境下，受众可以以评论反馈、直播弹幕、后台留言等多种形式参与到新闻信息的传播过程中，从而激发用户的主体意识，寻找能够自我表达、自我满足的途径。在此基础上，用户的互动行为打破了传播媒体所垄断的信息行为，实现了自身赋权和圈层赋权。互动行为是"双向"的，单个的受众无法产生互动效应。因此，用户在新闻传播中的"能动作用"显著增强，也带动了更多的新闻用户参与其中，不断促使新闻信息传播到社会的各个领域。

（二）情感需求和身份认同

事实上，情感需求是比物质需求和精神需求更难满足的存在。在传统的新闻传播过程中，新闻媒体机构只注重受众的精神文化需求，对受众的情感需求有所忽视。在网络社会日渐普及的当下，通过网络进行社交已经成为当下年轻人的首选。现实生活中的社交冷淡与网络虚拟空间中的热情开放形成了巨大的反差。情感上的需求和认同也成了新闻媒体在增强用户黏性、培养稳定用户群时的首选。新闻传播作为社会大众了解社会信息的重要渠道，更应该利用互动来满足受众的情感需求，鼓励和引导受众发表自己的感受，产生情感上的依赖和价值共鸣。针对网络社会大众的情感需求，新闻媒体机构也不断探索新的新闻内容，不仅涵盖了时政、军事、医疗卫生、经济发展等能够对人们日常生活产生影响的新闻信息，还主动丰富了民生百态、社会实事、职场、文化旅游、休闲娱乐等内容，满足了不同受众的情感需求。

受众在自己擅长的领域表达自己的想法、感悟和收获，其参与感会进一步得到增强。

第二节　提供丰富多元的新闻内容

在融媒体时代，只有丰富多元且具有针对性的新闻产品才能够满足人们的需求，成功打开消费市场。

一、产品形式

内容建设是新闻传播行业发展的重要核心。融媒体时代，网络飞速发展，"内容为王"的理念逐渐得到了人们的重视。保证新闻内容的有效供给是推进媒体融合的必然要求。融媒体环境下，新闻用户的基数越来越大，新闻作为用户了解社会发展动态的重要渠道之一，对社会大众产生了深刻的影响。

在融媒体环境下，恪守"内容为王"的理念是新闻媒体得以持续发展的重要优势，融媒体环境的建设也为新闻传播提供了大量、丰富的新闻素材和传播渠道。从新闻内容的形式来看，新闻产品的形式总体呈现出可视化、移动化、交互化的特点。大数据和人工智能的发展使得新闻作品的呈现形式变得更加丰富，在信息技术赋能之下，新闻产品创新也有了更多的发展空间。

（一）可视化

可视化一直是主流媒体融合新闻创作的倾向。碎片化时代，传统的"文字＋图片"的简单新闻传播形式已经变得相对"枯燥"，人们更加渴望直白、多元的新闻产品，能够满足其在视觉、听觉等多个方面的需求。在媒体融合的推动之下，以视频、图文为主的新闻呈现形式大幅提升了人们对新闻内容的感知能力，受众不需要再通过阅读大段的文字来了解新闻的信息，视频画面呈现的新闻内容更容易被用户接受。而且，新闻作品呈现形式丰富，也使得新闻媒体在传递主流价值观、激发受众的情感价值共鸣变得更容易。以短视频新闻为例，通过视频讲解新闻内容，能够有效缩短用户获取新闻信息的时间，用户在接收信息的过程中不再需要费尽心思地去理解大段的文字内容，只需要观看视频便能够获得新闻内容。在重大社会公共新闻事件的报道过程中，利用画面的呈现方式能够让用户更加直观地感受到当时的现场情况，提高新闻内容的可信度。

（二）移动化

移动化是融媒体环境下新闻作品生产的另一种趋势。以往，主流媒体在新闻传播的过程中，主要是依靠电视、广播、杂志、报纸等主要渠道，无论是在时间上，还是在地域上，都对新闻传播的效果产生了一定的限制。也就是说，以往的新闻传播只能在特定的场所、特定的时间通过特定的媒介进行传播。随着社会的发展，人类生产生活方式的变革，通过电脑、平板、手机等进行社会活动已经成为社会发展的重要趋势。因此，新闻传播必须主动转战"移动化"市场，才能够持续不断地为社会大众提供有价值的新闻资讯，引导社会舆论。移动化的新闻传播并不仅指从电视、广播、报纸等向手机、电脑等的转变，还指新闻内容可移动、可搬运。简单来说，主流新闻媒体的新闻传播平台主要是微信、微博、抖音等移动互联网的热门平台，移动和互联是其最大的特征和优势。

（三）交互化

交互化在新闻内容的生产过程中扮演着重要的角色。在融媒体环境下，新闻作品是媒体机构与受众联系的唯一通道，也是媒体机构了解受众需求、优化传播体系的重要方式。除让新闻用户自由地参与新闻讨论之外，还运用了点赞、答题抽奖等形式与社会大众进行互动，调动民众的主动参与性。尤其是近年来自媒体向社会大众征集"新闻作品"、鼓励用户参与的形式屡见不鲜，为我国新闻传播市场提供了丰富、多元的新闻产品素材。

在融媒体环境下，新闻传播的重点不再集中于传统新闻传播中生产和传播两个环节，新闻内容一经发布，如何在传播过程中收获最大的传播效果、获得有效的用户反馈同样重要，用户的参与、评论和转发等行为往往会成为新闻报道强有力的延伸。融媒体环境的建设和信息技术手段的丰富，使得新闻传播过程中媒体机构与用户之间的互动功能设计更具人性化和趣味性，能够有效地吸引用户参与新闻作品的生产和传播。

二、主题设计

在新闻产品的创作过程中，新闻内容的主题也是影响其传播效果的重要因素。在融媒体环境下，我国新闻传播媒体机构不断推进业务升级和形态创新，拓宽了适用新闻题材的领域，并在对应的领域进行深挖掘，为社会大众提供了丰富多元的新闻内容。以主流媒体为例，在传统新闻传播中，主流媒体新闻生产题材较为单一，在社会热点、时政资讯等重大题材领域的成绩较为突出，但在其他领域的着力并不多。而随着新闻传播行业的发展，以及社会大众对新闻内容多元化需求的增加，新闻市场迫切需要其他题材的新闻内容，从而满足不同社会受众的多元化新闻需求。如何推动新闻传播"横向纵向"的联合发展就成了新闻传播媒体需要考虑的问题。

新闻传播的"横向"发展是指新闻内容的种类要"全"，范围要"广"，能够满足不同受众的多元化需求。在融媒体环境下，新闻媒体机构可以利用新技术、新手段快速完成新闻产品的开放与探索，引领更多的、不同层次的新闻媒体进行融合新闻实践活动。新闻题材也向文化娱乐、民生实事、休闲旅游等偏"年轻化"和"娱乐化"的方向发展。新闻传播的"纵向"发展是指要针对某一新闻领域进行持续不断的深挖掘，找到核心目标受众，持续不断地为其输出优质的新闻内容，增强媒体机构在此领域中的话语权和影响力。

在主题叙事上，新闻内容呈现出一种"情感化"的趋势。这种情感化的叙事方式更能够激发与用户之间的情感共鸣，达到传播价值观、增强用户黏性的目的。无论是传统的主流新闻媒体还是自媒体机构，个性化的叙事和情感化的表达都是其新闻内容呈现的特色之一。例如，在《2021，送你一张船票》这则新闻报道就采用了以小见大的方式，以第一人称将受众代入到新闻作品中，从浙江嘉兴的南湖红船开始，重温中国共产党建党百年的辉煌历程，在具体的情境之中感受中国百年的沧桑巨变。"个性化"的新闻叙事方式不再是传统新闻传播那样的"平铺直叙"，而是首先与新闻用户建立情感联系，再将新闻内容融入其中，来寻求与受众情感上的共鸣。事实上，新闻传播内容的发展并非只有"短小精悍"这一个方向，长篇的深度报道更能引发与受众之间的价值共鸣。

三、前沿科技

融媒体环境下，前沿科技的发展与应用对新闻传播发展有着至关重要的影响。就其本质而言，媒体融合正是前沿数字科技与新闻传播创新结合的结果。前沿科技不仅丰富了新闻传播的形式和渠道，还为新闻内容的生产提供了源源不断的素材和灵感。传统新闻产品"文本＋图表＋交互视频"的初级融合形式已经不能够满足社会大众对新闻内容升级的需求，在科技赋能下，新闻媒体必须加强对前沿科技的应用，主动将前沿技术应用于新闻内容的生产、传播中。

随着主流媒体融合新闻产品的创新探索，"数据新闻""新闻游戏""VR新闻"等多种新闻类型陆续出现。与可视化新闻传播相比，这类新闻更加注重受众的"感官体验"，旨在为用户打造沉浸式的新闻传播情境，利用科技将用户引入新闻内容中，以第一视角了解新闻事件的真相。在营销学中，提升用户的体验感能够增强用户对品牌的黏性，提升消费者的满意度，从而不断激发消费者的消费行为。在新闻传播中同样如此，只有强化新闻用户对新闻产品的消费体验，才能够促使用户对新闻机构提供的新闻产品产生依赖，成为"忠实用户"。"忠实用户"不仅会产生稳定的消费行为，还会自觉承担起新闻传播工作，不断将自己的"圈层文化"扩大，提升自己的存在感。前沿科技与传播平台的融合，给新闻传播受众带来了不一样的"新鲜感"。

四、创新表达

从用户的角度来讲，优质的新闻内容一定是能够经过受众群体检验，并且能够广为传播的。但是广为传播的内容却并非都是优质的内容，一些优质的新闻内容也会因为各种各样的因素在传播上受到限制。优质的新闻内容生产出来之后，如何对其进行创新性的表达、满足受众对"新鲜感"的需求也是新闻媒体机构需要重点考虑的问题。一旦错过了最佳的传播时机，即使再经典的内容也会失去其本来的价值。在融媒体环境下，内容生产的门槛降低，一些低俗、虚假的信息也能够得到大量的转发和传播，在无形之中给优质的新闻内容带来了一定的冲击。

　　随着我国国民文化水平的提升，其新闻素养也在不断提高，已经能够基本判断新闻的"优劣"。但相对而言，也不乏一些受众因为猎奇心理、虚荣心理而传播一些虚假的新闻内容，从而给社会和国家带来一定的影响。因此，笔者认为，优质的新闻内容一定要符合正确的舆论导向和价值观，能够对社会、对国家、对人民产生某种正向的价值影响，但也要不断创新其表达方式，保证优质的新闻内容能够被社会大众"看见"和接受，以高质量的新闻作品弘扬正确的社会价值观，不断激发人民群众的主体意识，满足人民日益增长的精神文化需求。

　　新闻传播媒介的发展和格局的变化表明，在"内容为王"的时代，优质的内容固然是吸引用户的"根本法宝"，但是创新性的传播形式也很重要，"渠道建设"仍然不可忽视。在海量的信息网覆盖下，创新的表达形式和传播渠道的建设，能够确保优质的新闻内容传递到受众手中，产生传播效果。优质的新闻内容在本质上是满足用户某种需求的专业化信息产品。创新表达意在激发广大受众群体的情感需求和情绪共振，从而来实现新闻传播的价值。

　　2020年3月，亚洲象的"北迁南归"之旅成为新闻报道的热点话题。一群亚洲野生象群离开了原来的栖息地——云南西双版纳国家级自然保护区，一路向北迁徙，经过普洱市思茅区、宁洱县、墨江县、玉溪市元江县、红河州石屏县、玉溪市峨山县、红塔区，最终于2021年6月到达了昆明市晋宁区。一时间，关于这群北迁大象的新闻铺天盖地地流传开来。其他国家也纷纷对此做出了详细的系列新闻报道。亚洲象北迁，我国新闻媒体在第一时间给予了高度的关注，在新闻报道中详细为广大新闻用户讲解了亚洲象为何迁徙、迁徙的目的地、迁徙的路线等内容，满足了受众的求知欲。而且，媒体机构也在第一时间利用无人机将象群迁徙过程中的珍贵影像资料完整地提供给新闻用户，引发了全球社交媒体的争相传播。在此期间，新闻媒体对亚洲象的迁徙情况进行了持续性的关注，其中有关"新出生的象宝宝、大象的活动轨迹、小象在大象的帮助下走出沟渠"等新闻引发了广大网友的热烈反响。

在亚洲象北迁的系列新闻中，媒体机构并没有采用"平铺直叙"的方式，而是以"纪录片"的形式呈现了整个新闻内容，更有说服力和感染力。不少受众表示，这种新闻传播方式能够带来相应的放松和愉悦。

第三节　传播速度的提升

速度是新闻传播制胜的另一关键。移动互联网时代，也是一个"读秒"的时代。智能手机的广泛应用与普及突破了新闻传播的时间和空间限制，实现了新闻传播的即时性、全时性。"拼传播速度"已经成为各家新闻媒体机构的关键阵营。在新闻事件发生之后，各家新闻媒体机构为了抢夺先机，都会在第一时间发布新闻内容，在最大程度上保证广大的受众能够在最短的时间内获得新闻信息，实现其价值的最大化。从新闻传播的特点来看，真实性和时效性是其发展的根本。新闻报道的内容必须是新近发生的事实，也就是说，新闻传播的速度越快，新闻内容的时效性越强，新闻的价值就越高。受众能够在第一时间了解事件的真相，根据新闻的内容对自身的生活和工作做出相应的判断。

在传统的纸媒和电视新闻传播时代，新闻一般以周或者日为周期，一般在新闻事件发生的次日向社会公众发布。以最快的电视新闻传播为例，在新闻事件发生后，一般是由专业的新闻工作者将当天的新闻内容整理出来，在当天晚上集中发布，虽然距离新闻事件发生仅只过去几个小时，但相对于即时报道、即时传播的新闻目标仍然有一定的差距。这主要是因为在新闻传播的过程中，新闻工作者必须确保新闻内容具有正确的舆论导向，确保其真实性，新闻内容也必须经过新闻工作者的层层校对和审核，才能够对外发布。传统的新闻传播受多方技术的限制，新闻的收集、整理、传播需要较长的时间。而且，在许多新闻事件发生一段时间后，新闻媒体机构才能够清楚地了解事件的真相，并向社会大众公布。

对于传统新闻传播而言，计算机网络技术的发展使得新闻信息的传播摆脱了传统媒介的束缚，具备了"移动化"的特点，这也就代表新闻传播能够做到即时报道、即时传播。人们只需要一部手机便能够随时随地地获取想要的信息资讯。"读秒"时代，热点新闻信息在发生短短几分钟时间之后就会得到大量的转发、点赞和评论，助推新闻内容冲上热搜，以便其更快地传播开来。实时传播、实时反馈已经成为现实。对于新闻媒体而言，拼新闻速度的传统由来已久。尤其是在融媒体环境下，谁先发布了新闻，谁就成功获得了流量、提升了用户的关注度，就更容易在日渐激烈的竞争中胜出。新闻传播的速度提升不仅代表能够将新闻信息更快地传递到用户受众，还代表更快地抢占资源，获得用户的信赖和关注，并在持续不断的消费行为中实现对用户的转化，进而为新闻媒体机构带来更多的收益和反馈。

一、台网联动，矩阵升级

对于新闻用户而言，新闻内容的价值高低是决定其是否会进行二次传播的重要依据，而新闻传播内容的传播速度，在某种程度上也决定了新闻内容的价值。以经济类新闻为例，新闻用户更早、更准确地获知新闻的内容，便能够尽快地作出判断，将自己的收益最大化。但面对重大公共事件时，第一时间将事件的真相向社会大众公布，控制社会舆论，才能够稳定民心。在融媒体环境下，以央视为主的主流媒体以移动为先、台网融合为策略，建设全媒体演播室和"一体化"新闻制作平台，全天候为用户提供新闻信息服务。同时，驱动多媒体联合与资源共享，打破传统新闻传播中以"传播链条"为主的新闻信息传播方式，形成了"一云多端""一体多面"的"多维"新闻传播格局，在新闻传播方面进行了全面的升级，尽可能地缩短新闻内容与受众之间流通的时间。

融媒体环境下，要想突破传统新闻传播存在的瓶颈，首先要做到的就是新闻传播的全程化，要随时随地关注热点新闻事件的发展情况，针对新闻事件最新发生的变化进行即时报道。当前，年轻用户在新闻频道的月活跃数量达到上亿。全天候的新闻传播正是为了满足当前年轻人的"移动化"信息获取需求。例如，在2023杭州亚运会期间，新闻媒体在多个媒体平台实施联动，将最新的体育赛事新闻通过多元化的传播渠道传递到用户手中，用户可以通过微信公众号、微博客户端、抖音、网站等多个渠道第一时间了解最新的体育新闻。

在新闻传播的过程中，信息融合的速度也是影响新闻发布的关键。事实上，新闻产品在某种意义上是多方信息资源的整合，信息可能来自多个平台、多个主体，其中也不乏一些虚假、夸张的信息，影响社会大众对新闻事实的判断。融媒体环境下，新闻机构对新闻信息的整合能力明显增强，能够在短时间地快速判断信息源的真实性和有效性。

在新闻传播的过程中，新闻传播主体的多元化也是提升新闻传播速度的关键。多元化的信息传播主体能够拓宽新闻信息传播的渠道，使得新闻信息的传播量呈现裂变式的增长。信息技术的发展使得新闻产品的制作、传播门槛逐渐降低，普通的社会大众也能够参与到新闻信息的传播活动中。社会大众新闻素养的提升也使得其"主人翁"意识增强，也带动了优质新闻信息的广泛传播。在融媒体环境下，新闻传播改变了单向的、线性的信息传播方式，推动新闻传播与用户的社交圈层相融，从而不断加快新闻信息的传播速度。事实上，新闻传播社交化使得信息的传播来源变得更加"可靠"，能够将新闻信息的内容与用户的生活场景紧密相连。

融媒体环境下的新闻传播改变了人们获取新闻信息的方式，拉近了受众与新闻传播之间的距离。尤其是虚拟现实技术的支持下，以视频为主要形式的新闻有意模糊了现实空间与虚拟空间之间的界限，让观众在观看新闻视频的过程中进入了特定的场景之中，营造了实时画面的体验感。

新闻传播反馈速度的提升是实现与用户互动、增强用户黏性、实现用户转化的关键环节。在传统的新闻传播过程中，新闻媒体机构与受众之间的联系并不紧密，且得到用户反馈的时间较长。以报纸为例，当新闻受众对某一话题的新闻进行反馈时，往往需要以信件、邮件的形式寄送到新闻媒体机构的所在地，经过工作人员核实之后再进行反馈。较长的反馈时间往往使信息的反馈失去了其原本的价值。长此以往，受众对新闻传播的主动参与意识逐渐降低。而在融媒体环境下，新闻传播的反馈速度得到了大幅的提升。以短视频新闻传播为例，受众能够通过后台留言、评论、话题讨论等多种形式参与新闻内容的反馈，与新闻媒体机构实现了面对面的交流，增强了新闻传播过程中受众的参与感和满足感。在某种意义上，网络新闻传播有意模糊了现实空间和虚拟空间的界限，让受众通过多样化的形式参与到新闻内容构建的情境中，受众能够在第一时间将自己对新闻内容的感悟、感想表达出来，不仅能够获得高赞，还能够得到转发和分享，有效地满足了受众的社交需求和情感需求。而这些，都建立在新闻传播、新闻互动实时化的基础上。无论是用户还是媒体机构，得到反馈的时间越短，则证明传播效果越好，其价值越高。

二、新闻传播速度与质量的博弈

如上述所言，新闻传播速度的提升确实为新闻用户提供了更便捷、更全面的新闻信息服务，但是提升速度的前提必须是保证质量，新闻传播过程中盲目的"速度崇拜"并不可取。新闻媒体机构如果过于注重传播速度而忽视了新闻内容的质量，就会"顾此失彼""因小失大"，产生难以预计的后果，逐渐失去新闻用户的"忠诚"。

（一）速度崇拜影响新闻真相

在融媒体时代，新闻媒体机构要想在激烈的竞争中脱颖而出，夺得话语权，就必须提升新闻报道的传播速度。但是，从新闻的内涵来看，新闻信息必须是真实有效的客观事实报道，向社会公众发布的新闻内容必须是经过核实的、准确的、全面的、客观的内容，所传达的价值导向必须契合社会主流价值观，才能起到稳定社会民心、维护社会正义的重要作用。但是，在"流量为王"的时代，部分新闻媒体机构为了抢占先机、博得关注，过度追求新闻传播速度，导致其在内容质量上有所下降。许多新闻内容尚未经过取证调查便向社会大众发布，带来了一些负面影响。"标题党"现象正是在此背景下诞生的。部分新闻工作者为了博流量、引关注，在新闻题目中片面地夸大新闻事件中的某些细节，刻意引发用户的联想。还有许多新闻机构未经调查就盲目地发布新闻。另外，随着我国人民群众文化水平的提高，其对新闻传播已经不再满足于"获得信息"的简单层面，而是希望专业的新闻媒体机构能够针对新闻事件进行深刻的解读和分析，满足更高层次的求知欲望。然而，在"速度崇拜"的影响下，尽管在短时间内发布了一些真实的新闻信息，但是由于缺少对新闻事件的深入挖掘和分析，许多新闻报道并没有起到引领社会价值观的作用，从而降低了新闻内容的影响力和传播力。

（二）速度与质量的平衡

在融媒体时代，新闻传播的速度和质量同样重要。在稳步中求发展才是新闻媒体机构实现"超车"的正确路径。尤其是在当前传统媒体与新媒体融合交叉、竞争发展的时代，新闻工作者应该掌握信息技术，在稳步中求发展，在质量上求速度，这样才能持续发挥新闻媒体的引导作用。

首先，新闻媒体机构必须正确处理好新闻传播过程中速度和真相的关系。尽管时效性是新闻传播的重要核心，但必须保证在新闻真实性的基础上才能够追求新闻传播的速度。内容建设仍然是新闻传播网络建设的首要环节。尤其是在涉及民生实事、公共医疗、卫生健康、政治经济等新闻话题时，一定要确保新闻内容的准确性和真实性，在向公众发布之前要做好相应的审核工作，在保证质量的基础上尽可能提升新闻信息的传播速度。这也涉及新闻工作人员自身的素质问题。新时代的新闻工作者，应该不断提高自身的新闻素养，锻炼自己的综合能力，提高自己的采编能力、拍摄能力、剪辑能力，加强对新闻内容的监督、审核工作，确保新闻的质量。

其次，新闻媒体机构应该正确处理好新闻传播速度与新闻价值之间的关系。新闻价值主要包括时效性、重要性、显著性、接近性以及趣味性。简单来说，不同类型的新闻能够满足新闻用户的不同需求，媒体机构要抓住受众的需求，并在此领域进行深刻挖掘，这样才能将新闻的价值效用发挥到最大。以时政新闻为例，这类新闻主要是帮助受众理清新闻内容的重要意义，即新闻内容与受众之间的利害关系。新闻媒体机构在发布时政新闻时，一定要对新闻的内容进行深刻的解读，从而帮助用户做出准确的判断。时政类新闻对新闻内容质量的要求较高，对其发布的时效性要求稍低。因此，媒体机构在发布时政新闻时，首先要确保新闻内容的正确导向和社会意义，在此基础上提升新闻传播的速度。再以文旅类新闻为例，此类新闻内容主要满足的是受众的"趣味性"需求，旨在调动受众的共同兴趣，引起受众的注意，从而增强用户的黏性，在与用户的互动之间引导消费者不断产生消费行为。因此，新闻媒体在发布文旅类新闻产品时，要丰富新闻产品的内容和形式，以新颖的话题和丰富的产品内容激发用户的阅读兴趣，在此基础之上实现新闻传播速度的提升。

在"流量为王"的时代，新闻传播不仅具有"社会属性"，更添加了"经济属性"，一条爆款新闻能够给媒体机构带来不可估量的经济收益，这也是导致许多不法分子散播虚假消息并大量转发宣传的根本原因。因此，笔者认为，在融媒体时代，尽管新闻传播的"时效性"是其发展的生命线，但更应该注重新闻内容的"社会价值属性"。新闻媒体机构必须主动承担向社会大众呈现真实新闻内容、构建和谐社会环境、引导主流价值观的重大责任。同样，在新闻产品的创造过程中，不仅要关注那些重大新闻、热点话题，更应该关注社会民生百态，关注底层人们的生活现状，以最真实的视角反映社会的变化和国家的发展，以专业的视角解读社会发展过程中的种种变化，持续性输出高质量的新闻产品。

综上，在融媒体时代，无论是传统媒体还是新兴媒体都必须意识到，媒体的责任不仅仅在于传播信息，还要注意舆论引导职能的发挥。

当舆论处于不断发酵过程中时，无论是主流媒体还是自媒体都应该保持清晰的头脑和正确的立场，及时制止谣言的扩散。融媒体环境的建设为新闻传播提供了良好的传播环境，新技术的出现与应用也为新时代的新闻传播带来了无可比拟的优势，无论是在传播手段、传播内容还是传播速度上，都为用户带来了更为丰富的层次体验。因此，新闻媒体机构在发展过程中，要具有大局意识，既要满足受众对社会变化发展的求知欲，又要做好引导社会舆论的工作。新闻的内容既要来源于生活，立意又要高于生活，保证新闻的前瞻性，要对社会大众的思想道德和社会行为产生一定的启迪和引导作用。

第三章　融媒体时代新闻传播的基本途径与特点

随着科技的不断发展和社会的不断变迁，新闻传播方式也在不断演进。融媒体时代是一个媒体形态多元、信息传播迅速、用户参与度高的时代，传统媒体和新兴媒体在这个时代都扮演着重要的角色。本文分为两节，分别探讨传统媒体和新兴媒体两种新闻传播途径在融媒体时代的特点。

第一节　传统媒体

传统媒体是指通过某种机械装置（如印刷机、广播设备、电视摄像机等）定期向社会公众发布信息或提供教育、娱乐等交流和传播活动的媒体形式。常见的传统媒体有报纸、杂志、广播、电视等，它们的主要任务是采集信息、筛选信息、加工信息，并对其进行传播和复制。传统媒体通常由专业的媒介组织经营，具有庞大的规模和广泛的受众，因此也被称为大众媒介或大众传播者。

一、传统媒体的历史演进

在文字出现之前，信息传播主要依赖口头传播，这种方式的传播速度相对较慢，且容易受到口头传播失真的影响。

随着文字的发明，人类开始记录信息，书籍成为珍贵的信息媒体，但仍然限于精英阶层和学者使用。

在人类文明史上，15世纪被誉为"印刷术的世纪"，这一时期，德国发明家约翰·古腾堡发明了铅活字印刷术，彻底颠覆了手工复制的方式，极大地提高了书籍的出版效率。铅活字印刷术将可移动的铅字按排版规则组合，然后沾上油墨，再印刷在纸张上，实现了大规模的复制。这一革命性发明彻底改变了信息传播的格局，一方面，它使书籍得到了更为广泛的传播，而不再仅仅是少数特权人士的专享品，这为知识的传播和普及创造了条件，推动了大众教育的发展；另一方面，印刷机器的广泛使用驱使人们使用共同的文字，从而促进了文字的规范化和标准化。总之，铅活字印刷术为信息传播带来了巨大的变革，深刻地影响了社会发展。

17世纪，随着印刷技术的不断改进，报纸的印刷速度和质量不断提升，报纸以其快速的传播方式，成为传统媒体的主要力量，并标志着信息传播的进一步演进。这一时期，欧洲和美国的城市开始出现定期出版的报纸，它们提供了各种各样的信息，如国内外社会新闻、政治动态和商业信息等，极大地扩展了读者的视野。报纸的迅速发展也促进了公共辩论和政治参与。报纸编辑和记者通过社评发表他们的观点，影响公共舆论，政治家也在新闻报道中积极发表观点，传达他们的政策和立场，这种互动促进了政治辩论和公民参与，有助于民主制度的发展。总之，报纸的崛起标志着传统媒体的进一步演进，它在信息传播、公共辩论和政治参与方面发挥了重要作用。

20 世纪初，无线电技术的发展使得信息可以通过无线电波传播到远处，人们开始探索如何利用它来传输声音，广播由此诞生。广播使信息能够以声音的形式迅速传播到全球各地，突发新闻、文化娱乐和其他重要信息都可以通过广播迅速传递给广大听众，提高了信息的即时性和可及性，也为人们在家中获得新闻和文娱享受提供了重要途径，因此广受欢迎。

20 世纪中叶，电子技术的快速发展和不断改进又推动了电视的发展，它以生动的图像和声音立刻吸引了观众，成为大众获取新闻、娱乐的新平台。首先，电视带来了视觉和听觉的革命。与印刷媒体和广播不同，电视以呈现图像和声音的方式，更生动地传递了信息和娱乐，人们通过电视可以看到世界各地发生的事件，极大拓展了他们的视野。其次，电视节目的传播范围非常广泛。从新闻访谈到综艺娱乐，电视节目吸引了大量的观众。最后，电视的兴起对广告行业也产生了深远的影响。电视广告可以广泛广告产业的繁荣发展，也为电视媒体提供了可观的广告收入，极大地支持了电视媒体的运营。可见，电视的兴起是传统媒体的进一步演进，它以生动的图像和声音传播新闻和娱乐，极大地影响了大众的日常生活。覆盖观众，吸引了更多的客户，广告商开始在电视上投放大量广告。

传统媒体的历史演进反映了人类社会对新闻传播的持续需求和不懈追求。尽管传统媒体在数字化时代面临着生存和发展的挑战，但它们仍然在一定程度上保持着影响力，是新闻传播的重要渠道。

二、传统媒体的传播优势

（一）新闻制作的专业性

传统媒体一直以来都扮演着重要的新闻传播角色，其在新闻制作的专业性方面具备许多突出的优势，这些优势使得传统媒体能够提供高质量的新闻报道，深受受众信赖。

1.专业的媒体组织机构

现如今，信息和数据铺天盖地、瞬息万变。在这种背景下，传统媒体由专业的媒体组织机构经营和管理的优势尤为凸显出来。这些机构拥有经验丰富、技能精湛的专家和工作者，能够确保新闻信息经过了严格的质量管控、真实性验证和内容优化，才传递到受众手中。在新闻报道和信息传播方面，他们不仅积累了丰富的理论基础，更在实践中不断完善和创新，形成了一套属于自己的工作流程和管理体系。

这套体系从信息的源头采集开始，每一个步骤、每一个流程都被仔细审视和规划。记者、编辑、审核人员等不同角色的工作人员，各司其职，保证新闻报道的准确性、客观性和及时性。这些人员经过严格的培训和选拔，他们的职业素养和道德准则都是经过严格考验的，他们清楚，每一条新闻、每一个数据、每一个报道，都直接关系到公众的知情权和社会的公共利益。他们通过各种方式，包括文字、图片、音视频等，为受众提供全面的信息服务，他们懂得如何挖掘新闻背后的深层次信息，如何将复杂的事件和数据，转化为易于受众理解和消化的内容。

在处理新闻事件时，这些专业人员有着清晰的认知，能迅速地应对各种突发情况，保持报道的连贯性和一致性。他们是社会的守望者，他们的每一个报道，都影响着公众的观点和判断，塑造着整个社会的价值观和伦理准则。

传统媒体新闻传播的深度、广度和质量，成为满足不同受众信息需求的重要保障。

2. 专业的信息采集和加工人才

在新闻制作领域里，人才是最核心的资源。对于传统媒体而言，其实力和影响力在很大程度上源自其拥有的专业的信息采集和加工人才，这些人员是经过精心挑选和严格培训的精英，他们不仅具备专业背景和技能，更深谙新闻报道的伦理准则和专业标准。

记者团队是传统媒体的前沿力量，他们在信息采集方面经验丰富，能迅速、准确地捕捉并记录下时代的脉搏和社会的动态。面对突发新闻，他们能够快速做出反应，凭借敏锐的洞察力和卓越的判断力，深入事件现场，挖掘背后更为深层次的信息和故事。他们是真实世界与受众之间的桥梁，他们的笔下，每一个细节、每一个情境都被准确、生动地呈现，使新闻报道具备极高的可靠性、全面性和准确性。

与记者团队紧密协作的是专业的编辑团队。他们是新闻制作过程中的关键一环，负责对新闻稿件进行审核和校对，确保每一条信息的客观性和规范性。他们深谙文字的力量，懂得如何通过精准、生动的语言，将复杂、抽象的信息转化为易于理解的新闻报道。他们对品质和标准的坚守，使传统媒体在新闻制作过程中保持高质高效。

这些专业的信息采集和加工人才，是传统媒体日常运作的重要保障。他们每天都在为受众呈现世界的真实面貌，他们的努力和付出，使新闻报道不仅是传递信息的工具，更是塑造公众认知、引领社会价值的力量。他们用自己的专业和责任，维护着传统媒体的公信力和影响力，使其在信息时代依然站在时代的前沿，成为公众信赖的信息来源和知识宝库。

在他们的手中，新闻不仅是汉字和数字的组合，更是生活和社会的真实反映。他们通过自己的努力和付出，使新闻报道成为连接过去、现在和未来的纽带，成为激发思考、引发改变的力量。他们是传统媒体的灵魂和心脏，是其不断进步、创新的动力源泉。

3. 专业的信息生产机器设备

传统媒体在其漫长的历程中不断积累和沉淀，形成了自我完善和进化的能力。在信息生产方面，印刷机、广播设备、摄像机和新闻编辑软件等机器设备成为这一进程中的核心支持，这些设备，既是传统媒体对技术和质量的投资，也是其对信息传播责任和使命的传承。

印刷机，一个历经岁月演变仍然坚守在信息传播一线的重要角色，它精确、稳定的输出保证了文字和图像在纸质媒介上的清晰呈现。广播设备，则以其广泛的覆盖面和即时性的传播，使信息迅速渗透到社会的每一个角落。摄像机记录下世界的每一个变化，为人们提供真实、直观的视觉体验。而新闻编辑软件，是技术与人文的结合，让信息更加准确、美观、生动地展现在人们面前。

这些信息生产设备是传统媒体持续输出高质量内容的重要保障。每一台设备、每一个系统都经过了精心选择和维护，以确保其可以在各种条件下稳定、高效地运作。他们是传统媒体的核心资产，不仅因为他们的经济价值，更因为他们在信息传播和社会影响中所扮演的不可替代的角色。

在这些设备的支持下，传统媒体能够专业地处理各种媒体格式，包括文字、图片、音频和视频等，这一多样化的信息呈现方式满足了不同受众的不同需求，也使信息更加全面、立体地呈现在人们面前。这不仅丰富了人们获取信息的渠道和方式，也使传统媒体能够更好地适应社会和技术的快速发展，保持其在信息生产和传播领域的竞争力。

在数字化和网络化日益普及的今天，传统媒体通过不断更新和升级信息生产设备，保持着其信息输出的高质和专业。他们明白，在快节奏、大量产的信息时代，保持信息质量和传播效率的平衡是至关重要的。这些设备，不仅是技术和资本的投入，更是传统媒体对社会责任和公众信任的坚守。

（二）新闻信息的权威性

在融媒体时代，传统媒体仍然在新闻信息的权威性方面占据着不可忽视的地位。这种权威性首先表现在它们长期的信誉积累上，多年的运营历程，使得公众对其发布的信息给予高度的信任和依赖。而且，传统媒体与政府、学术机构和其他权威机构有着紧密的联系，这些联系在很大程度上增强了其新闻报道的权威性和可靠性。此外，严格的信息验证和校对流程也是传统媒体权威性的体现，传统媒体每一条新闻都需要经过多重审核，层层筛选，确保其内容的真实、准确和全面，为公众提供有价值、有质量的信息。在虚拟和现实交织的世界里，传统媒体的这些特质愈发凸显出其新闻信息的权威性。

1. 长期的信誉积累

传统媒体在其漫长的历史发展中逐渐积累了非常高的信誉，这种信誉建立在每一篇精心调查和编辑的新闻报道之上，每个真实而有深度的新闻都为其赢得了读者的信任和尊重。不同于快节奏的网络信息传播，传统媒体更注重新闻的质量和深度，它们以严谨的态度和专业的眼光，筛选并呈现出最有价值的信息。

传统媒体之所以能够在众多的信息源中脱颖而出，在很大程度上归功于它们在新闻采集、编辑和发布的全过程中所持有的高标准和严格准则，它们视新闻为传递真相和知识的媒介，每一则报道都是对事实的尊重。在这个过程中，传统媒体不断地完善自我，锤炼品质，使其在公众心目中树立了正直、公正和专业的形象。

它们秉持着对真实、准确和公正的执着追求，每一次的报道都是对这些价值的坚守和传承，它们深知自己在社会中的角色和责任，用严格的标准和独立的精神，维护着新闻的纯净和权威。这种由内而外的诚信和专业，赢得了公众广泛和持续的信任。

在不断变化和发展的信息时代，传统媒体依然保持着其独特的魅力和价值，它们以其专业、严谨和可靠赢得了一代又一代人的信赖，它们的声音，在快节奏和多元的信息海洋中，依然清晰、响亮，在每次社会变革和进步中，都能看到传统媒体工作者深入调查、全面报道的身影。他们用自己的言语和行动，维护着社会的真实和公正，为人们提供了一个全面、准确的了解世界的窗口。

2. 与权威机构紧密联系

传统媒体与权威机构有着紧密的联系，这种联系赋予了传统媒体独特的立场和声音，使它能够以更全面、更深刻的视角来探索和呈现新闻事件。政府、学术机构和其他权威组织的配合和支持为传统媒体提供了更为丰富和精确的信息资源，帮助它们在报道中展现出更高的专业水准。传统媒体借助这种联系，能够获得更为准确和全面的第一手资料，使其报道在真实性和权威性上得到显著提升。

政府与传统媒体的关系具有特殊性。政府拥有大量的信息和数据，传统媒体通过与政府机构的紧密联系，可以迅速、准确地获取这些信息，为公众提供及时、准确的新闻报道。这种联系同时也促使传统媒体在报道中保持公正、客观的态度，遵循新闻道德和职业标准，确保每一则报道都是基于事实和真相的全面呈现。

与学术机构的紧密联系则赋予了传统媒体更高的专业性。学术机构是知识和研究的殿堂，其研究成果和学术观点对社会具有极高的参考价值。通过与这些机构的深度合作，传统媒体能够获取最新的学术研究成果，使其报道在深度和广度上达到更高的水准，学者的权威观点和深入分析更为新闻报道增色不少，使之更具权威性和说服力。

这种与权威机构的紧密联系，不仅提升了传统媒体报道的权威性，也赋予了它们在信息传播中的独特地位。在信息日益丰富和多样的今天，传统媒体依然以其专业、权威的特点，成为人们获取和信赖信息的重要渠道。在未来的发展中，与权威机构的紧密联系将继续作为传统媒体权威性的重要基石，帮助它们坚守真实、公正和专业的准则。

　　3.严格的信息验证和校对流程

传统媒体的信息验证和校对流程是其新闻报道质量的保障，也是其在公众心目中树立权威的关键因素。每一篇报道，从初稿的生成到最终的发布，都经历了严格、细致的审查流程，确保信息的准确、完整和可靠。这个过程中，编辑团队与记者紧密合作，共同检查每一个事实，验证每一个信息来源，确保报道的真实性和客观性。

编辑团队在信息验证和校对的过程中，充当着质量监督的角色。他们不仅对报道的内容进行严格把关，确保没有错误和虚假信息，还负责确认报道符合新闻组织的道德标准和职业准则。他们深知，每一篇报道都是媒体声誉的体现，也是公众信任的基石，必须不遗余力地确保报道的品质。

在这个流程中，记者也发挥着至关重要的作用。他们深入一线，亲自采集、整理信息，确保每一个报道都是基于真实、准确的事实。他们时刻保持警觉，防止任何错误或虚假信息渗透到报道中，以维护媒体的公信力和社会责任。记者与编辑之间形成了一套完整、有效的信息检验和优化机制，共同打造出高质量、有深度的新闻报道。

这种严格的信息验证和校对流程，不仅体现在文字和内容的准确性上，也体现在报道的全方位、多层次的品质保障上。每一张图片、每一个视频，甚至每一个标点符号，都经过专业团队的反复检查、严格筛选。在这个流程中，传统媒体展现出了其对专业、对真实的不懈追求，也凸显出了其在信息时代的独特价值和意义。

在数字化、全球化的信息浪潮中，虚假和误导性信息充斥在人们的周围，人们对真实、可靠的新闻报道的需求愈发迫切。传统媒体以其严格的信息验证和校对流程，以其专业性和权威性，为公众提供了一个清晰、准确的视角，帮助他们解读世界，认识真相。

（三）新闻引导的有效性

传统媒体，如报纸、广播、电视等，虽然在某种程度上与新兴的数字媒体相比可能显得"滞后"，但其在新闻引导的有效性方面，仍然具有无可替代的关键地位。这是因为传统媒体深知自己的影响力和责任，致力于为公众提供真实、公正、有深度的新闻，帮助公众在繁杂的信息中获得真实、全面的事实。

1. 提供深度报道

在数字化、即时化的信息时代，尽管互联网为人们提供了无尽的信息来源，但这并不意味着所有的信息都是深入、全面、真实的。相反，为了追求点击率，很多新型的媒体选择了速度而非深度，这导致大量的新闻报道浮于表面，缺乏真实的背景研究和深度分析。

深度报道不仅仅是对事实的叙述，更是对事实背后的原因、背景和影响的探索。这样的报道需要投入大量的时间和资源，需要对当事人进行深入采访、对数据进行搜集和分析，以及对相关领域的历史和文化背景进行研究。这种深入挖掘的过程为受众提供了一个全方位、多维度的视角，帮助他们真正理解新闻事件的内在逻辑和深远影响。

传统媒体，特别是那些有着悠久历史和公信力的机构，往往更加注重这种深度报道。它们明白，为受众提供真实、全面和深入的信息，比简单地追求点击率和关注度更为重要。这种深度报道的价值不仅体现在对单一事件的全面、真实的报道上，更体现在对整个社会、文化和历史背景的理解上，它能够帮助受众建立起对世界的宏观认知，形成自己的价值观和判断标准。

此外，深度报道也为公众提供了一个深入探讨和思考的机会。与简单的事实叙述不同，深度报道往往包含了多种观点和分析，它鼓励读者去思考、质疑和探索，而不是简单地接受所提供的信息。这种互动性和参与性极大地增强了新闻报道的吸引力和影响力，也使得受众能够更加主动地参与到社会公共事务的讨论和决策中。

当然，深度报道并不意味着完全忽略速度。事实上，融媒体时代的传统媒体，在确保报道的深度和质量的同时，也在努力提高报道的速度和时效性，它们利用先进的技术和工具，如数据分析、人工智能和多媒体手段，来加快报道的制作和发布速度。与此同时，它们始终坚持深度报道的原则，确保每一篇报道都经过了深入的研究和严格的审核。

2. 设置社会议题

传统媒体在引导公众关注社会公共议题，以及推动这些议题的广泛讨论和解决上发挥着至关重要的作用。

传统媒体的编辑团队拥有权威的选择权，能够在众多新闻事件中挑选出最值得关注的社会议题，这种选择基于编辑的专业判断和伦理标准，能够确保报道的新闻价值和社会影响。传统媒体通常将关键议题放在头条位置或专题报道中，以引导公众的注意力，这种选择性报道有助于公众辨识到社会中最紧迫的问题，并激发他们的兴趣。

传统媒体在引导社会议题时通常呈现多种观点和立场，从而促进广泛的讨论和辩论。传统媒体的多元观点呈现基于新闻的客观性和公正性原则，它们努力呈现各种立场，而不仅仅是一方观点。这有助于培养公众的批判性思维和理解不同立场的能力，从而使他们能够更全面地评估社会议题。

传统媒体的声音也更容易被公众听取和接纳，公众视传统媒体为可信任的信息来源，这使得传统媒体的报道和评论对政策制定和社会变革具有更大的影响。

总之，传统媒体在社会议题的设置方面拥有强大的传播优势，它们通过选择性报道、多元观点呈现和政策影响力，在引导公众关注社会议题、推动议题的广泛讨论和解决方面具有巨大的影响。

三、传统媒体的传播劣势

（一）传统媒体节目播出时间受限

在日益繁忙的现代生活中，时间是人们最宝贵的资源之一。传统媒体，如电视和广播，其节目的播出时间常常受固定时间表的约束，观众必须调整自己的日常安排，以便在特定的时间收听或收看他们喜欢的节目。与此不同，数字媒体平台允许用户根据自己的时间来选择何时观看何种内容，这种自由度明显优于传统媒体的播放模式。另外，由于广告时段、新闻时段和其他节目安排的限制，传统媒体节目的播出时间和时长都有严格的规定，这在一定程度上限制了创作者的创意表达，因为他们需要在有限的时间内传达信息或娱乐内容。

（二）传统媒体传播范围较为有限

与全球互联网相比，传统媒体的传播范围相对较小。电视和广播信号的覆盖范围通常局限于特定的地理区域，即使是国际广播，也可能因语言和文化差异而受到限制，这意味着某个特定的内容只能被某个地区的观众看到。而数字媒体平台则可以轻松地跨越国界，为全球观众提供内容，无论是新闻、影视还是音乐，都可以在短时间内迅速传播到世界各地。

（三）传统媒体传播内容更新滞后

在信息爆炸的时代，新闻和信息的及时更新变得尤为重要。对于传统媒体，尤其是日报和周刊，其内容更新速度很难与实时更新的数字媒体平台相媲美。当发生重大新闻事件时，传统媒体可能需要数小时甚至更长时间才能为观众提供完整报道，而在这段时间内，数字媒体已经迅速传播了大量信息。

（四）传统媒体传播内容缺少个性化

在数字化时代，个性化逐渐成为一种重要趋势，用户希望看到与他们兴趣和需求相关的内容。然而，传统媒体很难为每个观众提供个性化的内容体验，电视和广播通常会为广大观众制作统一的内容，很难满足每个人的独特需求。而数字媒体平台，如社交媒体和流媒体服务，可以通过算法为每个用户提供个性化的内容推荐，从而提供更加个性化的体验。

（五）传统媒体内容制作成本较高

与数字媒体相比，传统媒体的内容制作成本通常较高。制作一部电视节目或广播节目需要大量的人力、物力和财力，从策划、编写、拍摄到后期制作，每一步都涉及大量的资金和资源。而在数字媒体平台上，即使是独立创作者，也可以使用相对廉价的设备和软件制作高质量的内容，这种低成本的生产模式为更多的创意和内容输出提供了可能。

（六）传统媒体缺乏互动反馈机制

传统媒体的一大局限性在于其单向传播，观众很难直接与内容创作者或媒体机构进行互动。例如，当观众收听广播或收看电视时，他们只能被动地接收信息，而没有办法实时反馈自己的意见和建议。与此相反，数字媒体平台如社交媒体、在线论坛，为用户提供了与创作者直接互动的机会。这种互动性不仅增强了观众的参与感，还为内容创作者提供了宝贵的反馈，帮助他们改进内容和满足观众的需求。

第二节 新兴媒体

新媒体是一个相对的概念，例如，在时间上，网络相对于电视是新媒体，而电视相对于报纸是新媒体。新媒体是一个不断发展和变化的概念，需要不断地更新和适应。

狭义而言，新媒体是在报刊、广播、电视等传统媒体之后发展起来的新的媒体形态，主要指利用数字技术、网络技术，通过互联网、宽带局域网、无线通信网、卫星等渠道，以及电脑、手机、数字电视机等终端，为用户提供信息和娱乐服务的一种传播形态。严格地说，新媒体应该被称为数字化新媒体。

一、新媒体的历史演进

20 世纪 50 年代至 60 年代，计算机科学家们开始开发计算机系统，这些系统能够处理和存储数据。虽然这些计算机庞大而笨重，与今天的小型电子设备相比显得十分原始，但它们为后来的新媒体技术奠定了基础。

随着计算机技术的不断发展，20世纪70年代至80年代，人们开始使用个人电脑。这些个人电脑的普及使个人用户可以编写文档、玩电子游戏、处理数据等。

新媒体的真正变革发生在20世纪90年代，互联网的出现将世界各地的计算机连接在一起，为信息的传播和共享提供了全新的方式。在互联网上，人们开始频繁地分享图片、音频和视频。同时，网站和博客的兴起使个人用户能够在网络上发布自己的观点和内容，这一时期可以看作是用户生成内容的起点。

随着互联网的普及，社交媒体逐渐崭露头角。腾讯QQ、新浪微博的出现，成功激发了网络社交的热潮。社交媒体改变了人们的社交互动方式，也成为新媒体的一个重要组成部分。

移动技术不断发展，新媒体也进一步演进。智能手机的普及使人们能够随时随地访问互联网，这加速了移动应用App的兴起，微信提供了即时通信功能，使人们能够摆脱地理位置的限制与他人交流。

虚拟现实技术（VR）和增强现实技术（AR）也是新媒体领域的重要发展。虚拟现实技术（VR）可以创建沉浸式的虚拟环境，让用户在其中互动和探索。增强现实（AR）则将数字信息叠加在真实世界中，为用户提供更丰富的信息体验。这些技术在游戏、教育、医疗保健等领域都有广泛的应用，改变了人们的娱乐方式和学习体验。

二、新媒体的传播优势

（一）传播主体的主动性

在传统媒体时代，报纸、广播、电视等专业化媒介组织掌握了新闻生产、加工和报道的权力，普通大众只能被动接收信息。这种传统媒体的运作模式是复杂、专业且公众不易参与的，需要大量的资源和资金支撑。然而，随着新媒体的崛起，情况发生了改变。新媒体又被称为草根媒体，它采取的是自主化、平民化、个性化的传播模式，强调平等对话、信息共享等传播理念，这种新闻传播方式使新闻报道进入了"人人皆记者"的公民新闻时代。

首先，新媒体传播主体的主动性体现在信息的生产和编辑方面。在传统媒体时代，新闻编辑和制作是专业记者和编辑团队的工作，普通大众无法参与。然而，新媒体的出现使每个人都有机会成为信息的生产者和编辑者。通过 QQ、微博、微信公众号等平台，个人可以发布新闻报道、评论和分析，并能够迅速引发广泛的关注和讨论，这种信息的自主编辑和发布使普通大众能够参与到新闻生产的过程中，拥有了话语权和影响力。

其次，新媒体传播主体的主动性还表现在信息的传播和分享方面。传统媒体的信息传播是由媒体机构决定的，而新媒体使信息传播更加去中心化和民主化。通过社交媒体平台，人们可以将自己关注的新闻、事件或任务分享给自己的社交圈，这种信息传播方式更加迅速和广泛。

最后，新媒体传播主体的主动性还表现在公共话题和社会议程的形成方面。在传统媒体时代，由媒体机构决定哪些新闻被报道，哪些话题不被放在议程上。然而，新媒体允许普通大众参与话题的讨论和形成，通过社交媒体平台，人们可以表达自己的观点和看法，从而推动某些话题成为社会关注的焦点。这种公众参与的主动性使社会议程更加多元化，反映了更广泛的声音和需求。

总之，新媒体的出现使传播主体的主动性得到了显著增强，普通大众不再被动地接受信息，而是更积极地参与信息的生产、编辑、传播和讨论。这种传播主体的主动性对社会也产生了多方面的影响。

第一，加强了大众的言论自由。在传统媒体时代，信息的掌握和发布受到限制，媒体机构往往受政府或商业利益的影响。然而，新媒体使每个人都有了发声的平台，不受特定机构的控制，这意味着更多不同观点和声音可以被听到，言论自由得以加强。

第二，促进了信息传播的多样性。传统媒体往往受编辑和出版的限制，导致一些重要的信息和话题被忽视或被排除在报道之外。然而，新媒体允许个体关注和分享自己感兴趣的信息，从而推动了更广泛的话题和观点进入公共领域，这有助于促进社会信息多样性。

第三，加强了社会互动和参与。通过在线平台，人们可以轻松地参与社会讨论，这种互动和参与可以增强社会的民主性，让公众更加直接地影响社会发展进程。

第四，有助于增强信息的透明度，因为信息可以更轻易地被公开、共享和讨论，政府、企业和其他组织就不容易再隐藏不当行为，这就促使他们更加负责地行事。

第五，改变了媒体的商业模式。传统媒体依赖广告和订阅费来维持运营，随着广告和读者的流失，传统媒体面临巨大的经济挑战。相比之下，新媒体可以通过赞助、付费订阅和在线广告等多种方式获得收入，这种多元化的商业模式有助于新媒体保持独立性和可持续性。

新媒体的崛起不仅改变了信息传播的方式，还塑造了一个更加开放和民主的传播环境，使每个人都能够参与并影响社会进程，这对现代社会的发展和进步具有重要意义。

（二）传播路径的双向性

在传统媒体时代，媒体机构垄断着新闻信息的源头，他们决定了新闻的生产和发布，而普通大众只能被动地接收这些信息。相比之下，新媒体的信息源属于普通公众，每个人都可以成为信息的生产者和传播者，这使新媒体的信息传播具有了互动性。

新媒体传播路径的双向性表现在新媒体载体与普通大众之间的双向互动。在新媒体时代，只要拥有手机或互联网，就可以通过社交媒体、博客、视频分享平台等途径，以文字、图片或视频的形式传播信息，这意味着每个人都有新闻内容的编辑和制作的机会，不再需要依赖传统媒体机构。"人人皆记者"是新媒体时代的现实，普通大众不再只是信息的被动接收者，而是可以积极地参与新闻报道和信息传播的过程，他们可以记录身边发生的事件，分享自己的观点和看法，制作独立的新闻内容，然后将这些内容上传到互联网。这种主动性使信息传播变得更加多样化，有助于呈现更多元的声音和观点，这也有助于推动公众参与社会事件的报道，让重要信息不被掩盖或忽视。

新媒体传播路径的双向性还表现在普通大众之间的双向互动上。每一个接收到新媒体新闻信息的个体都可以对其进行评论、转发、分享等反馈行为，这意味着传受双方不再受到角色的限制。传统媒体时代，新闻报道通常是由专业记者和编辑制作的，受众只能选择接受或忽视。然而，在新媒体时代，受众不仅能够选择自己感兴趣的信息源，还能够积极参与信息的传播和互动，这种双向互动促进了信息的流通和共享，有助于形成更加丰富的信息生态系统。

双向互动的传播路径加强了信息的即时性和互动性。新闻事件发生后，普通大众可以迅速通过社交媒体等渠道分享相关信息，让新闻传播速度更快、反应更加灵活。同时，观众的评论和反馈也能够迅速传达给信息的发布者，形成更加密切的互动关系。这种互动性有助于信息的不断更新和完善，让新闻报道更加准确和全面。

新媒体传播路径的双向性也有助于培养社会意识。在新媒体时代，公众可以通过评论和社交分享来表达自己的观点和看法，推动某些话题成为社会关注的焦点。这种公众参与的双向互动有助于形成更加民主和多元的舆论空间，反映受众更广泛的声音和需求。

新媒体传播路径的双向性还有助于新闻信息的验证和质量监督。由于信息可以在社交媒体上迅速传播，不准确或虚假的信息也可能传播开来，普通大众可以通过评论和反馈来纠正错误的信息，有助于提高信息的可信度和准确性。

新媒体传播路径的双向性使信息传播不再是单向的，而是充满了互动和参与，普通大众不仅可以成为信息的生产者和传播者，还可以积极参与信息的讨论和反馈。这种传播模式扩展了传播的范围，推动了更多元的声音和观点进入公共领域，有助于形成更加开放和民主的传播环境，同时也有助于促进信息的即时性、互动性和新闻质量的提升，为新媒体的发展提供坚实的基础。

（三）传播价值的同向性

在新媒体时代，传播的价值和内容会受到传播主体和传播客体兴趣和需求的影响。传播主体，也就是信息的传播者，通常会根据自身的价值观和兴趣来判断新闻的重要性，并对新闻信息进行选择和过滤。经过传播主体的选择和过滤，新闻信息通过传播载体传递给传播客体，即受众。在接收新闻信息的同时，传播客体亦会根据自己的兴趣和价值观对新闻信息进行筛选和消化。在这个传播过程中，传播主体和客体的兴趣和需求决定了信息的传播价值。在新媒体信息传播的过程中，传受合一的传播特征使传播主体与传播客体变成了同一群体，或者说他们之间的兴趣爱好和价值取向具有高度的相似性，即传播价值具有了同向性。这种同向性是新媒体传播的一个显著特点，与传统媒体的传播方式形成了明显的对比。

首先，传播价值的同向性使新媒体的新闻信息更加符合目标受众的兴趣和需求。由于传播主体和传播客体之间的兴趣和价值取向相似，传播主体通常会选择并分享那些与受众关注的话题相关的新闻信息，这就使得新媒体的新闻内容更容易引起受众的兴趣，具有更高的亲民性。

其次，传播价值的同向性赋予了新媒体新闻信息更多的草根性和趣味性。在新媒体时代，信息的生产者和使用者之间具有相似的兴趣和价值取向，这使得新闻信息更容易融入受众的生活和兴趣领域。再加上新媒体上新闻信息传播途径的多样化，新媒体的新闻信息更具吸引力，能够吸引更多的受众参与互动。

再次，传播价值的同向性也有助于新媒体传播的新闻信息更加贴近现实生活。在新媒体时代，受众可以直接参与新闻报道和讨论，他们的反馈和评论可以直接影响新闻信息的制作和传播，这使得新闻信息更能够反映社会事件的真实情况，这种反馈机制有助于新媒体的新闻信息更具客观性和多元性。

最后，传播价值的同向性也有助于新媒体传播的新闻信息更具互动性和社会参与性。由于传播主体和传播客体之间具有相似的兴趣和价值取向，他们更容易进行互动和讨论。受众可以更积极地参与新闻报道和评论，与其他受众分享自己的看法和观点，从而推动社会问题的讨论和解决。这种互动性和社会参与性有助于新媒体的新闻信息更好地服务社会公众和社会进程。

新媒体传播价值的同向性使新闻信息更符合目标受众的兴趣和需求，具有更强的亲民性、草根性和趣味性，这种传播特点也赋予了新闻信息更多的社会参与性和互动性，有助于反映社会事件的多样性和客观性。相对于传统媒体，新媒体更能吸引受众的关注和参与，对新闻传播的发展和社会的进步具有积极的影响。

（四）传播过程的高效性

在传统媒体时代，新闻的采集、制作和发布通常需要经过策划、编辑、审批等多个环节，时间较长，新闻报道往往不能及时地反映事件的最新情况。然而，新媒体的出现改变了这一局面，使新闻传播过程更加高效。

新媒体允许人们在任何时间、任何地点进行新闻信息的采集和发布。互联网的普及和5G技术的发展使手机、平板电脑和笔记本电脑等成为新闻采集和传播的重要工具，普通公众不需要如传统媒体机构般拥有专业设备和团队，通过手机就可以拍摄照片、录制视频、撰写文字，然后通过社交媒体等平台将新闻信息迅速传送到互联网上。这种即时的新闻发布方式使新闻报道能够在第一时间被传送到各地受众手中，大大提高了新闻报道的效率。

在重大突发公共事件发生时，新媒体的高效性表现得更为明显。传统媒体在面对重大事件时，需要调动人员和相应设备前往事故现场，这个过程需要时间，新闻报道活动开展较慢，常常会因此错过最佳的报道时机。然而，新媒体时代，在"人人皆记者"的公民新闻模式下，可有效弥补这一不足。新媒体新闻报道的主体是普通民众，他们分布在社会的各个角落，具有数量上和地理位置上的优势，他们通常能够迅速到达事件现场，成为事件的目击者，有些甚至是亲历者。这种优势使新媒体可以在最短的时间内提供最新的信息，而不会错过报道的最佳时机。

二、新媒体的传播劣势

（一）传播信息的碎片化

随着互联网技术的发展，新媒体为每个人都提供了表达和沟通的平台。互联网的匿名性和隐蔽性使得即使是有沟通障碍的人，也能在网络上找到表达自己情感和观点的渠道。这种开放性和自由性是互联网的魅力之一，每个人都是信息的生产源，都拥有传播信息的平台和渠道，但这也导致新媒体上新闻信息的更新速度非常快，而且呈现出碎片化倾向。这种信息碎片化问题表现为以下几个方面：

首先，新媒体上的新闻信息分散在不同的平台和渠道上。不同发布者对同一新闻的报道可能发布在不同的社交媒体、新闻网站等多个平台上，对此报道感兴趣的受众需要在多个平台上搜索和收集信息，这就增加了其获取信息的难度。

其次，新媒体上的新闻信息常常是零散且不连贯的。由于新媒体上的新闻信息是以微内容的形式呈现的，受众需要从各个碎片化的信息中自行拼凑出完整的报道，这给受众理解事件的背景和发展过程造成了困难，受众不仅难以获得全面和准确的信息，还容易受到片面化信息的影响。特别是在发生突发公共事件时，大量的信息碎片如洪水般席卷而来，事件的原委难以梳理清楚，这导致受众很难及时有效地获取和理解事件的真相，从而陷入信息的混乱和困惑中。

最后，新媒体信息碎片化还增加了信息过度的风险。在新媒体上，同一条新闻信息可能被不同发布者多次发布，导致同一信息被不断重复传播，这种情况不仅会影响受众的信息获取效率，还会降低信息的品质和价值。

虽然新媒体时代为每个人都提供了表达和沟通的自由，但信息的碎片化问题也使受众面临信息分散、不连贯、真伪难辨等各种困难，这对受众获取全面和准确的信息以及理解事件的真相构成了挑战。

（二）传播内容的可信度受到质疑

在传统媒体中，新闻报道经过专业编辑和记者的审核，有一定的可信度和权威性。然而，在新媒体中，任何人都可以发布信息，而且信息的传播速度非常快，新闻的真实性和准确性往往成为发布者和传播者的次要考虑因素，受众在浏览新媒体内容时常常难以确定信息的来源和可信度，容易被虚假信息误导。

新媒体时代的信息内容往往带有情感化和个人化的色彩，传播者倾向于将信息以容易引起人共鸣的故事而不是以冷静客观的报道形式呈现，这种情感化传播更容易引起共鸣和关注，调动受众的情感和情绪，使他们更容易相信并分享信息，而不是进行理性思考和判断。

新媒体传播主体的多样性更导致了信息的不一致性。传统媒体通常有一定的编辑和审核流程，可以确保信息的一致性和准确性。但在新媒体中，传播主体包罗万象，他们的观点和立场各不相同，这导致在新媒体上常常同时出现相互矛盾的信息，受众难以确定哪个信息是可信的。一些不负责任的传播者甚至故意传播虚假信息，以满足自己的目的，进一步混淆受众的判断。

此外，新媒体的传播速度极快，导致人们忽视了信息的真实性。在发生突发事件时，人们迫切想要获取信息，而新媒体上的信息传播速度通常比传统媒体更快，这意味着在传统媒体信息核实之前，虚假信息可能已经传播到大量受众那里。虚假信息一旦传播开来，就很难被及时抑制和修正，甚至可能引发恶性传播，对社会产生严重影响。

新媒体的商业化和娱乐化特点对信息的可信度也产生了负面影

响。为了吸引更多的点击和关注，一些新媒体平台和内容制作者更倾向于制造轰动性的新闻，甚至不惜夸大事实或编造虚假信息，这种追求利润的行为降低了信息的可信度，使受众更加怀疑新媒体传播内容的真实性。

（三）传播把关的难度大

互联网的发展使得信息的产生和传播变得极其容易，任何人都可以成为信息的发布者，这就导致了信息的过度生产。社交媒体平台、新闻网站和在线社区等各种渠道都在不断产生内容，每天都涌现出大量的文字、图像、视频和其他媒体内容，信息的这种爆炸式增长，使得把关者需要应对庞大的信息流。把关者常常需要花费大量时间来筛选和评估信息。在新媒体时代，从社交媒体的新闻提要到在线论坛的评论，各种内容杂乱无章。把关者需要浏览大量信息，才能确保他们不会错过重要的新闻或信息。当他们被淹没在大量信息中时，往往难以确定哪些信息是最重要的，哪些是次要的，从而影响传播的效果。

社交媒体的实时性也使得虚假信息可以在短时间内传播到极大范围。社交媒体平台上的信息传播是即时的，一条消息可以在几分钟内在全球范围内传播开来。虚假信息通常具有一种"新奇性"，吸引用户点击、点赞和分享，从而加快传播速度，这需要把关者快速做出反应，以阻止虚假信息的传播，但这通常是一项具有挑战性的任务。

此外，许多新媒体用户也缺乏足够的媒体素养，难以判断信息的可信度和来源。一方面，在新媒体环境中，虚假信息往往伪装得与真实信息一样，而缺乏足够的媒体素养的人就容易上当受骗，由于没有足够的技能来分辨真实和虚假的信息，他们很可能会传播未经验证的信息。另一方面，信息消费习惯也增加了虚假信息传播的风险，一些人倾向于只关注他们已经持有的观点，而忽视或拒绝接触不同的观点，这种信息消费习惯使得虚假信息在某些社群中得到广泛传播，因为这些社群的成员可能会互相验证并传播虚假信息，而不会接触到质疑或修正信息的声音。

第四章　融媒体时代新闻传播发展策略

第一节 加强新闻传播内容建设

一、坚持"内容为王"，树立"内容是产品"的发展理念

新闻传播中的"内容为王"理念是指在新闻业务中，优质的内容是最重要的资源和核心竞争力。内容具有丰富的内涵和发展历程。新闻传播最初以新闻报道为主要内容，通过传递信息和事实来满足公众的求知欲。早期的新闻内容主要关注事件的发生、时间、地点和人物等基本要素，以客观真实为主要标准。随着媒体技术的发展、信息爆炸的时代到来，简单的事实报道已经不能满足读者的需求。媒体开始注重内容的策划和挖掘，通过深度报道和分析，为读者提供更多的背景信息、专业解读和独家视角等增值服务。这使得内容逐渐成为新闻传播的核心要素。

随着互联网的兴起和信息技术的快速发展，多媒体平台和社交媒体兴起，新闻内容传播的方式发生了根本性的变革。新闻传播机构开始注重融合多媒体元素，通过图片、视频、音频等方式丰富传播内容

的形式，提升传播效果和用户体验，并开展互动性更强的用户参与活动。随着民众对信息需求的个性化和多样化要求的提高，传统的标准化内容已经无法满足读者的需求。传媒开始更加注重创新内容的策划和个性化推荐。通过大数据、推荐算法等技术手段，实现用户画像和精准推送等，为读者提供个性化的新闻内容服务，满足用户的兴趣需求，并对其进行持续跟踪和反馈。在全媒体融合时代，媒体组织逐渐形成了"线上线下一体化"的新闻生产布局。

在这一发展趋势下，新闻内容不仅要适应不同平台和媒体的特点，还要进行创新和变革，不断推陈出新。内容也逐渐成为媒体赢利的关键。传媒机构通过优质的内容吸引用户和读者，为广告主和品牌提供营销和宣传的渠道。同时，内容付费模式的兴起也进一步促进了内容的创新和优化，使得优质的内容成为一种有价值的商品。

在融媒体时代，新闻媒体人应将内容视作产品，并进行生产经营。内容作为产品，意味着它具备产品的属性和特点，包括市场需求、市场定位、差异化竞争、价值创造和持续创新等。内容要符合受众的需求，经过策划、生产和推送等环节，以满足用户的阅读和分享需求，达到市场竞争的目标。首先，优质的内容是吸引用户和读者的关键。具有价值和专业性的内容有助于提升媒体的影响力和可信度，吸引更多的用户和读者参与阅读和互动。其次，提供高质量、有深度和独特的内容，可以帮助媒体塑造自身的品牌形象。媒体可以通过内容展示自身的专业性、价值观和风格，从而树立自己在行业内的地位和口碑。再次，优质的内容是实现商业价值的关键。品质高的内容可以吸引广告主和品牌商家的关注，为其提供有效的广告传播渠道和商业合作的机会，从而实现媒体的营收增长。

在融媒体时代将内容视作产品进行生产经营，应遵循以下策略：

　　第一，研究用户需求。了解目标用户的兴趣、关注点和阅读习惯，通过数据分析和市场调研，掌握用户的需求和偏好，为用户量身定制内容产品。通过数据分析和市场调研等方式，获取用户的基本信息、兴趣爱好、消费习惯等，建立用户画像，了解用户的需求和行为特征。通过问卷调查、用户访谈、社交媒体互动等方式，主动收集用户反馈和意见，了解用户对当前内容产品的满意度和改进建议。

　　利用大数据和人工智能技术，采集和分析用户的阅读行为、流行趋势等数据，掌握用户的需求和行为模式，为内容定制提供依据。利用大数据和人工智能技术，为用户提供个性化的内容推荐服务。根据用户的阅读历史、兴趣偏好等数据，进行智能推荐，为用户量身定制推荐内容。通过开展用户投稿、评论互动、用户生成内容等活动形式，提高用户的参与感和投入度，让用户与内容进行互动，使内容更贴近用户需求；建立用户订阅系统，让用户自主选择关注的新闻和主题，定制专属的新闻服务，提供符合用户兴趣的内容。

　　利用技术手段对用户数据进行分析和挖掘，了解用户的喜好和趋势，为内容生产提供数据支持。同时，还可利用大数据分析技术，对用户的行为数据、阅读偏好等进行深入挖掘，了解用户的需求和喜好。通过数据分析，可以发现用户的兴趣点和热门话题，为新闻内容的策划和创作提供参考。通过收集用户的基本信息、兴趣爱好等数据，建立用户画像，了解用户的需求特点。结合数据挖掘技术，发现潜在的用户需求和趋势，将其应用于新闻内容的生产和推送过程。

　　利用 A/B 测试和数据实验，对不同形式和内容的新闻进行比较和评估。通过收集用户的反馈和行为数据，分析用户的偏好和反应，进一步优化和改进新闻内容的设计与生产。比如，利用自然语言处理和智能算法，对用户评论和反馈进行文本分析和情感分析。通过了解用户的观点、态度和情感，了解用户对新闻内容的评价和需求，为内容生产提供指导。利用位置信息以及用户的历史行为和偏好等数据，采用智能算法进行个性化推送。根据用户所在位置、兴趣点等因素，向用户推送适合他的新闻内容，并满足用户特定的需求。通过机器学习算法，对新闻内容进行分类和归档，从而更好地满足用户的需求。通过对内容进行分析，可以自动将其归类到相应的领域，提高内容的分类准确性和用户体验。再如，应用人工智能技术，对视频和图像进行分析，提取其中的关键信息和特点。通过视觉分析，了解用户对不同类型和风格的图像和视频的喜好，以此为依据来选择和生产相关的新闻内容。将自动化技术应用于新闻内容的生产过程中，如自动抓取和处理新闻数据、自动生成新闻稿件等。这样可以提高生产效率和内容质量。

此外，可以通过社交媒体平台进行内容推广和用户互动，引导用户关注和参与，同时获取用户的反馈和意见。利用社交媒体平台上的关注度、转发量、评论数量等指标，分析用户对不同类型的新闻内容的反应和关注程度。通过社交媒体分析，了解用户的兴趣爱好和话题倾向，以便针对性地生产相关的新闻内容。通过社交媒体平台或新闻网站的留言、评论、投票等方式，鼓励用户参与和互动。通过回应用户的意见和建议，与用户进行良好沟通和互动，收集用户反馈，进一步提升新闻内容的质量。

第二，策划和创新内容。根据用户需求，策划和制作深度报道和特别专题，涉及热点话题和用户关注领域，提供有价值、有深度和独家视角的内容，为用户提供对时事新闻和社会热点的独到观点和专业解读，以满足用户对专业性、深度性和专业性的需求。同时，根据用户的消费习惯和喜好，提供多样化的内容形式，包括文本、图像、视频、音频等，并通过优质、有趣和富有创造力的内容形式吸引用户的注意力，积极利用社交媒体平台和用户生成内容，将用户产生的内容和反馈纳入新闻报道和内容推送中，增加用户参与感和互动性。鼓励用户参与和互动，通过用户生成内容和社交媒体互动，与用户建立良好的互动关系。例如，开展投票、评论互动、征集用户反馈和观点等，增加用户的参与感和忠诚度。

根据不同媒体平台的特点，定制相应的内容，实现跨平台传播。例如，为社交媒体平台准备短视频、趣味微信公众号文章，而为专业网站准备深度长文和图解报道，以满足不同用户群体和平台的需求。新闻传播内容的优化创新还应注重多部门合作与整合，在不同部门之间建立紧密的合作机制，促进内容策划和创新的整合。例如，新闻编辑、数据分析、技术团队、视觉设计等部门之间的协同工作，共同推动内容质量的提高。倾听用户和读者的声音，积极与其合作，参与内容的创作和生产。例如，与读者开展征文活动、征集观点和反馈，将用户的故事和感受融入新闻报道中，提升内容的真实性和亲和力。与企业、非营利组织、学术机构等外部合作伙伴开展合作，共同研究和推动内容的创新。通过与不同领域的合作伙伴共同开展研究和调研，发现新的话题、故事和创新方式。

在融媒体时代，新闻媒体人应通过深入用户需求的调研和洞察，创新内容形式和表现方式，促进内部合作和与外部合作伙伴的协同工作，以提升内容质量。在实际工作中，新闻媒体人可以对社会热点事件、重大新闻活动等进行深入调查和剖析，提供宏观和微观两个层面的报道，揭示事件背后的真相和影响，满足读者对全面、准确分析的需求；利用大数据技术进行数据收集和分析，将数据转化为可视化的图表和可操作的数据新闻，提供有说服力、有创意的数据报道，帮助读者更好地理解复杂的社会问题和趋势；通过开展在线调查、用户投票和舆情监测等方式，收集公众的意见和观点，形成对民意状况的实时追踪和交互式报道，增加用户参与感和展现公众声音。同时，借助摄像、编辑和剪辑技术，制作短视频、纪录片、新闻特别报道等，使新闻更加生动、直观，满足用户对多样化内容的需求，同时以高品质的视频增加新闻的吸引力；利用虚拟现实和增强现实技术，创造沉浸式的新闻报道体验，通过视觉和听觉的交互，使读者身临其境，增加新闻传播的吸引力和趣味性；通过丰富和有创意的摄影作品、图表和插图等，讲述独特的人物故事、地域风貌，通过图片和图形让读者更好地理解和感知。

最后，引导用户参与，让其分享自己的观点、经历和故事，形成与用户互动的社区氛围，让用户成为新闻共同创作者，创造与众不同的内容，提升用户参与感；制定社交媒体推广策略，与用户建立双向的互动关系，通过社交媒体平台进行内容的推广和互动，吸引更多用户参与分享和讨论新闻内容；将内容优化适配至移动设备，有效利用微信公众号等渠道，将新闻以简洁、快速、易读的方式呈现给用户；持续关注最新的技术趋势，并将其应用于新闻传播中，如人工智能、语音识别、区块链等，通过技术的创新与应用提升用户体验。

第三，强化内容品质。通过内外部审核机制、专业编辑团队和质量控制流程，保证内容的准确性、权威性和可信度。

其一，不断加强对原创性和独特性的要求，提升内容的品质和竞争力，深入调查报道，收集足够的证据和数据支持，多方核实信息的真实性，确保新闻报道的准确性和可信度；加强事实核实的过程，确保新闻报道的准确性和客观性。要严谨地验证和确认信息来源，避免不实信息的出现；加强编审环节，审查新闻稿件，确保新闻传播的质量。编审应对新闻内容的准确性、客观性、完整性进行审核，纠正可能存在的错误，加大专题报道和独家报道的力度，提供更多的有深度和细致的报道，通过长篇特辑、系列报道等形式，深入挖掘问题的根源和背后的影响；综合运用调查、分析和专家评论等手法，提供丰富的观点和深入的分析。通过对问题的解剖和独到观点的表达，推动新闻报道的深度和品质。运用数据分析和可视化技术，将复杂的数据转化为易于理解和互动的形式，加强对新闻报道的分析和解读。

其二，关注社会各领域的议题，涉及政治、经济、社会、文化、科技等多个方面，实现内容的多样化和全面性；注重区域性报道和地方新闻，为不同区域的读者提供个性化的新闻报道，关注社会底层的声音，提高读者的参与感和满意度；关注个人故事和人文情感，通过人物报道和纪实文学的形式，把握人物的细节和情感，让新闻报道更具人情味。

其三，积极参与社交媒体，通过社交媒体平台开展与用户的互动，回应评论和提问，与之间用户建立良好互动关系，增加用户的参与感和信任度；鼓励用户参与内容的创作和分享，利用用户生成内容丰富报道的多样性，并通过评选、分享等形式，展示用户的观点和经历；密切关注社交媒体上的舆情动态，了解用户对新闻报道的评价和反馈，及时调整报道的角度和内容，提升新闻传播的品质；将内容生产和商业模式相结合，通过提供付费阅读、广告投放、品牌合作等方式，实现内容的商业变现，并不断创新商业模式，提高收益和盈利能力；利用数据分析和用户反馈，不断优化和调整内容生产和推送策略。

二、对新闻内容进行精包装

（一）融媒体时代新闻内容精包装的概念

融媒体时代的新闻内容精包装是指，通过精心设计和呈现的方式，将新闻即时、生动、多样化地传达给受众，以提高新闻的吸引力和传播效果。它强调以读者为中心，注重多媒体元素的运用，侧重于增强信息传递的效果和影响力。

（二）融媒体时代新闻内容精包装的特点

具体来说，融媒体时代的新闻内容精包装有以下特点：

1. 即时性

随着融媒体时代的发展，新闻报道需要更加及时地传递给受众。即时性是新闻内容精包装的重要特点之一，指我们要将最新的信息以迅速、准确的方式呈现给读者。

2. 生动性

新闻内容精包装注重通过多媒体元素和形象化的描绘来增强新闻的生动性，通过插图、图片、视频等形式，使新闻更具有视觉冲击力，激发读者的情感共鸣，使读者更容易理解和记忆。

3. 多样性

新闻内容精包装强调多样化的元素和形式，旨在吸引不同受众的兴趣和注意力。多样化的新闻表现形式，包括文字、图片、动画、视频、音频等元素的组合，能够满足不同读者的需求。

4. 互动性

与传统单向的新闻传播相比，融媒体时代的新闻内容精包装强调与读者之间的互动，通过在社交媒体平台上与读者互动、引导读者评论和参与，使受众更加积极地融入新闻的传播中。

新闻内容精包装注重使用图片、视频、图表等形式，通过视觉冲击力来吸引读者的眼球。视觉元素能够更加直观地呈现新闻事件的细节和背景，增强信息传达效果。在融媒体时代，新闻内容精包装更注重个性化，根据读者的兴趣和需求提供定制化的新闻推荐和服务。通过用户画像和算法模型，为读者量身定制内容，提高用户体验和满意度。融媒体时代的新闻内容精包装需结合多种媒体平台进行传播。无论是纸媒、电视台、互联网，还是移动设备，新闻传播应充分利用不同媒介的特点和优势，以更广泛的方式触达读者。从表现形式来看，新闻传播对图片、图表、文字等多种形式进行有机结合，能够更全面地传达新闻信息，并提高读者对新闻的理解。

（三）融媒体时代新闻内容精包装的意义

新闻传播的内容精包装对提高信息的吸引力和传播效果具有重要意义。精心包装的新闻内容能够更好地吸引读者的注意力，提高信息的传达效果，并在竞争激烈的环境中脱颖而出。

首先，内容精包装能够吸引读者注意力。在信息过载的时代，读者面临来自各种渠道的海量信息。精心包装的新闻内容能够在众多信息中脱颖而出，吸引读者的眼球，使其产生兴趣，进而主动选择阅读。例如，新闻标题应当简明扼要、生动有趣，能够准确概括新闻要点并引发读者好奇心。图片、视频和图表等多媒体元素的运用也能够增加新闻的吸引力。

其次，内容精包装有助于提高信息的传达效果。包装新闻内容不仅能够吸引读者的眼球，更重要的是能够准确、明确地传达信息，使读者能够迅速理解新闻要点。在内容表达上，应尽量采用简明扼要、简洁清晰的语言，避免长篇累牍、冗余复杂的叙述。此外，包装新闻内容还应注重结构的合理性，通过段落、标题、层次等来组织信息，使信息层次清晰、易于理解。

再次，内容精包装能够提升新闻的品质和影响力。新闻的精包装不仅能够体现形式美，更重要的是能够体现新闻的独特性和专业性。在包装新闻的过程中，应遵循信息真实、准确、客观的原则，避免过度夸大或歪曲事实，提升新闻的可信度和公信力。通过精细包装、深入采访和专业解读，新闻内容能够呈现出更高的品质和价值，从而赢得读者的信任和认同。

最后，内容精包装是适应现代媒体环境的要求。随着互联网和社交媒体的兴起，传媒竞争更加激烈，读者获取信息的途径更加多样化。在这样的环境下，新闻传播者需要通过内容精包装来赢得读者的关注和留存。这样的精准包装能够更好地满足读者的需求，提高信息的传播效果。

（四）融媒体时代新闻内容精包装的策略

其一，在融媒体时代，新闻内容中的多媒体元素能够增强吸引力和信息传达效果。图片和视频能够更直观地展现新闻事件的场景和细节，激发读者的视觉感知和情感共鸣。一些新闻媒体在新闻报道中配图或配视频，通过图像和动态影像来吸引读者的眼球；通过图表、地图、图像等可视化形式呈现数据和统计信息，能够让读者更快地理解和消化新闻内容。这样的内容包装有助于提升新闻的可信和说服力，让信息变得更加生动和易于理解。利用互动图文的形式，读者可以通过滑动、点击等操作增加互动性和参与感。例如，一些新闻媒体推出了滑动组图的形式，读者可以通过左右滑动浏览新闻图片。

其二，社交媒体互动的推广。在融媒体时代，社交媒体成了新闻传播的重要平台，利用社交媒体互动的特性，对新闻内容进行精包装，有助于提高传播效果和影响力。在新闻内容中可以引导读者进行分享和转发，通过社交媒体扩散新闻传播的范围。一些新闻媒体在新闻页面或社交媒体账号中提供分享按钮或引导语，鼓励读者分享和转发感兴趣的新闻。利用社交媒体平台提供的评论和互动功能，与读者进行实时互动。新闻媒体可以在社交媒体账号上发布新闻预告或关键信息，并引导读者进行评论和提问，进一步加深读者对新闻内容的参与和了解。鼓励读者通过社交媒体分享自己的观点、经历和评论，形成用户生成内容。一些新闻媒体会推出读者投稿、微信留言等形式，与读者分享、转发有趣的内容并将其融入新闻报道中，增加互动性和共鸣感。

其三，个性化推荐的实践。个性化推荐是指根据用户特征和兴趣，通过算法为用户提供定制化的新闻内容。利用收集用户的兴趣、阅读习惯等信息，建立用户画像和标签系统。利用精选的图片和视频，更直观地展现新闻事件的场景和细节，激发读者的视觉感知和情感共鸣。新闻报道中增加配图或配视频，通过图像和动态影像来吸引读者的注意力。利用图表、地图、图像等可视化形式呈现数据和统计信息，能够让读者更快地理解和消化新闻内容。这样的内容包装有助于提升新闻的可信度和说服力，使信息更生动易懂。

第二节　树立新闻传播的用户理念

一、用户理念的内涵

树立用户理念是指将受众和用户置于媒体传播的中心地位，关注用户需求，并以此为导向进行新闻报道和内容生产。媒体应该积极倾听用户想法，关注用户的兴趣、需求和意见，从而实现信息的优化和个性化服务。用户理念体现在对用户体验的高度重视。新闻媒体要注重内容的质量和深度，提供高品质的新闻报道，通过界面设计、导航、交互等方面的优化，提升用户在新闻媒体平台上的体验感和满意度。新闻传播工作要积极鼓励用户参与和互动，让用户成为新闻传播的参与者和共同创作者，通过社交媒体平台、用户评论以及用户生成内容等形式，让用户在新闻报道中发表意见、分享观点，实现从接受者到参与者的转变，提高用户对媒体的认同感和忠诚度。

树立用户理念意味着不再采取单向式的信息传递，而是根据用户的阅读习惯、兴趣和行为，提供个性化的内容。通过大数据分析和智能推荐技术，为用户提供更贴近其兴趣和需求的内容，提高用户体验和参与感。新闻机构应针对不同用户群体的兴趣和需求，提供个性化的定制化新闻服务。例如，通过订阅服务、主题专栏、推送通知等方式，满足用户对特定领域或主题的关注需求，提供符合用户口味和需求的定制内容。通过建立用户数据库和有效的客户关系管理系统，收集和管理用户的偏好、需求和行为数据，实现对细分用户群体的精细化管理，开展个性化沟通和服务，为用户提供更好的体验和满意度。用户理念强调新闻报道的真实性和可信度，注重事实核实、客观公正的原则。新闻媒体应通过独立性和权威性的报道，建立稳固的信任基础，让用户能够放心地获取和使用新闻信息。树立用户理念是通过提供高质量的新闻内容和持续创新来实现的。新闻媒体应不断提升内容质量，保持创意和创新，提供有深度、有价值的报道，以满足用户对高品质信息的需求。

此外，还应确保新闻内容的真实性和权威性，对关键信息进行核实和验证，以确保新闻报道的准确性，加强媒体职业道德和行业规范的培养和执行，积极抵制虚假信息和谣言的传播，与用户一同打造一个可信赖的新闻传播环境，提高用户对新闻的信任度，提高新闻报道的透明度和真实性，告知用户新闻的来源和采编过程，以公开、清晰和诚实的方式进行报道，提高用户对新闻传播的信赖和认同。

二、构建融媒体数据库

（一）大数据分析的应用

在融媒体时代，大数据分析为新闻报道提供了新的模式和方式。大数据的使用使得新闻媒体能够从海量的数据中获取有价值的信息和见解，从而进行更深入、全面和精准的新闻报道。新闻媒体通过自身平台、社交媒体、第三方数据提供商等多个渠道收集数据，包括用户行为数据、互动数据、社会舆情数据等。对数据的充分收集有助于获取全面、实时和准确的信息。通过数据整合和清洗的过程，对不同来源的数据进行筛选、归类和处理，去除重复、无效的数据，从而得到更可靠的数据集。利用数据挖掘技术，对大规模数据进行分析。基于数据挖掘的结果，媒体可以制定主题报道策略，深入研究和分析特定领域、热门话题或问题，提供丰富、深入的报道。通过数据可视化手段，将复杂的数据转化为易于理解和展示的图表、图形和互动界面，增强报道的效果和参与感。通过可视化的方式，读者可以更直观地理解数据背后的信息和故事。根据用户的兴趣和行为数据推送个性化的报道，提供符合用户需求的新闻内容，分析用户的搜索历史、浏览记录和喜好，定制推送感兴趣的报道，提高用户的参与感和满意度。

大数据分析不仅有助于新闻报道的深入，还可以用于事实核实和真相辨别。对相关数据的分析和验证，可以辅助媒体判断信息的真实性和可信度，提高报道的准确性。利用大数据的分析结果，辅助新闻媒体进行调查报道，挖掘深层次的问题，并通过分析数据来支持报道的结论和观点。这样的报道更客观、更有说服力，能够为社会问题的解决提供有力的支持。

通过数据分析，新闻媒体可以及时了解读者对报道的反馈和关注程度。通过收集读者的意见和观点，媒体可以及时优化和改进报道的质量和内容，提高对读者需求的响应度。这种持续的反馈与改进可以进一步提升报道的质量。当前，越来越多的媒体开始利用大数据分析技术来指导新闻报道和编辑决策。他们使用大数据分析工具来发现并报道令人感兴趣的信息和趋势，例如社交媒体上的热门话题、消费者行为的变化等，通过将数据以图表、地图、动画等视觉化形式呈现，使读者更好地理解复杂的数据信息。

通过大数据分析技术，记者可以深入挖掘数据背后的故事，并揭示一些社会现象和问题。一些媒体机构利用大数据技术开发了各种新闻应用程序，通过这些应用程序，读者可以根据自己的兴趣浏览和过滤新闻内容。同时，这些应用程序还可以根据读者的反馈和喜好，为其提供个性化的新闻推荐。

为了培养更多的数据新闻从业人员，一些大学和新闻机构建立了数据新闻学院，提供培训和课程，教授数据分析、可视化和报道技巧。这些学院致力于推动数据新闻的发展和创新。一些新闻机构正在改变他们的商业模式，将数据分析和洞察力整合到他们的业务中。他们通过分析读者行为和兴趣，以及广告和订阅收入的数据，来改进他们的新闻产品和服务。

大数据时代让新闻内容更具说服力。大数据时代提供了大量的数字、统计和数据，使得新闻报道可以更加客观和准确地支持其观点。具体而言，大数据可以提供大规模的数据样本，增加报道的可信度。例如，假设一家媒体报道某项政策对经济的影响，他们可以通过大数据的分析，基于大量企业或消费者的数据验证该政策对就业、消费以及经济增长的影响。这种基于数据的证据支持不仅增加了报道的说服力，还使读者更容易接受报道的观点。

　　传统的新闻报道往往依赖记者的经验和主观观点，容易受到个人主观的影响。然而，在大数据时代，新闻主题可以通过大数据模式来描绘，这种描绘更加全面和细致。大数据可以横跨不同来源和领域，提供大量数据，用以描绘一个完整画面。例如，关于一项科技创新的报道，可以通过大数据分析获得相关公司的财务数据、市场反馈、用户行为等多个维度的信息，从而提供更全面、更准确的报道，使新闻内容更具说服力。

　　大数据时代，人们与媒体的互动越来越频繁，媒体可以通过个性化的报道，更好地满足读者的需求和兴趣。个性化报道意味着媒体能够根据读者的兴趣和偏好，提供更具针对性的信息。通过利用读者的浏览历史、购买记录和社交媒体行为等数据，媒体可以提供个性化的推荐和定制的内容，使读者更容易接受并相信报道的观点。这种个性化报道的模式增强了读者与新闻之间的共鸣，使新闻内容更具说服力。

（二）构建融媒体新闻传播数据库

构建融媒体新闻传播数据库对现代新闻机构来说至关重要。

1. 开展数据采集和整合

　　构建融媒体新闻传播数据库的第一步是进行数据采集和整合。这意味着从各种来源中收集数据，包括新闻稿件、社交媒体帖子、用户评论、网页数据等。新闻稿件是主要的数据源，可以通过新闻采编系统进行收集和整合。同时，也需要整合来自社交媒体平台的数据。

　　网页数据的采集也非常重要，可以通过网络爬虫技术从各类网站获取相关数据。采集到的数据需要经过清洗和加工，以确保数据的准确性和一致性。数据清洗包括去除重复数据、处理缺失值、修正错误等，以保证数据质量。数据预处理包括数据转换、规范化、标准化等，这一步非常关键，因为数据的质量对后续的分析和应用有直接影响。数据清洗和预处理完成，接下来需要对数据进行整合，并建立一个高效的数据库。数据整合包括对来自不同渠道的数据进行结构化，并对数据进行归类和分类。例如，可以将新闻稿件、社交媒体数据、用户评论等按照时间、地域、主题等进行整合分类。这样可以更方便地对数据进行后续的查询和分析。建立数据库是为了存储和管理海量的数据，需要选择合适的数据库系统，并根据需求进行数据库设计和架构。在数据整合的过程中，往往会面临不同数据格式的情况，如文本、图片、视频等。为了更好地实现数据的整合和共享，需要对数据进行格式标准化。比如，图片和视频采用通用的文件格式进行存储。

此外，还需要对数据进行元数据管理，即为数据添加必要的描述信息，包括数据来源、时间戳、地理位置等，以便后续的查询和分析。在数据采集和整合的过程中，数据安全和隐私保护是必须要考虑的因素。新闻媒体需要确保采集的数据不会被非法获取或滥用，同时要遵守相关的隐私保护法规。可以采取一些安全措施，如加密传输、权限管理和定期备份等，保护数据的安全性和完整性。同时，需要明确数据使用的范围和目的，尊重用户的隐私权和个人信息保护。

2. 加强数据存储和管理

完成数据采集和整合后，接下来要建立一个高效的数据存储和管理系统。可以通过建立数据库来实现，比如使用关系型数据库或非关系型数据库。关系型数据库适用于存储结构化数据，并具备较高的数据完整性和一致性；而非关系型数据库则适用于存储不同格式和类型的数据，具备更高的扩展性和灵活性。根据具体需求，可以选择适合的数据库系统或采用混合的数据库方案。数据库的设计和架构应该能够处理大量的数据，同时保证数据的安全性和可靠性。此外，还需要建立数据索引和查询系统，以便快速检索和获取所需数据。在加强数据存储与管理方面，数据库的设计和架构具有至关重要的作用。其一，需要进行数据库模式的设计，即定义数据表的结构和关系，确定字段、索引和主键等。这需要根据数据的特性和使用需求进行合理的规划和设计。其二，对于大规模的数据库系统，可以采用分布式架构来实现数据的分片和分布存储，以提高系统的性能和可伸缩性。

此外，还需要考虑数据库的备份和恢复机制，以确保数据的安全性和可靠性。数据存储与管理的关键在于能够高效地对数据进行索引和查询，以满足快速获取和检索数据的需求。为了实现高效查询，可以在数据库中建立适当的索引，以加快数据查询的速度。索引可以在某些字段上创建，如主键、外键、常用查询字段等。

此外，可以利用查询优化技术，如查询缓存、查询重写、分区表等，来提高查询效率。对于大型数据库系统，还可以采用数据分区技术，将数据划分成多个分区，将查询请求分布到不同的分区，以提高查询的并发性和效率。因此，加强数据存储与管理需要选择合适的数据库系统，进行数据库设计和架构，以及优化数据索引和查询。合理的数据库选择和设计，能够满足数据存储和管理的需求，并提高数据库系统的性能和可扩展性。同时，对于大型数据库系统，还需要采用分布式架构、数据分区等技术来处理海量数据和大规模的查询请求。通过加强数据存储与管理，新闻传播数据库能够更好地支持数据的存储、检索和分析，为新闻传播工作提供可靠的技术支撑。

3. 数据分析和挖掘

融媒体新闻传播数据库不仅需要收集和存储数据，还需要进行数据分析和挖掘，以获取有价值的信息。数据分析和挖掘技术可以帮助发现新闻事件、话题趋势、用户行为等。例如，通过文本挖掘和情感分析技术可以分析新闻报道中的情感倾向，了解公众对某一事件的态度和倾向。此外，利用机器学习和数据挖掘技术可以进行新闻推荐和个性化定制，根据用户兴趣和偏好推送相关的新闻内容。

在进行数据分析和挖掘之前，首先需要明确分析的目标和要解决的问题。这有助于确定分析的方向和方法，确保数据分析的针对性和有效性。例如，目标可能是了解受众的兴趣和需求，评估新闻报道的影响力，或者提升内容推荐的准确性，通过适当的方法和工具，收集相关的数据。数据来源可以包括社交媒体平台、网站访问记录、用户调查、数据库等多种渠道。同时，对收集到的数据进行整理和清理，确保数据的准确性和完整性。进行探索性数据分析是了解数据特征、发现趋势和关键信息的关键步骤，通过可视化和统计方法，可以探索数据的分布、相关性、异常值等。这有助于对数据有一个整体的认识，并为后续的分析做好准备。

选择适当的数据挖掘技术，根据问题的性质和数据的特点进行分析。常用的数据挖掘技术包括聚类分析、关联规则挖掘、分类和预测建模等。根据需要，结合具体情况选择适当的方法，从数据中发现有价值的信息和模式。对于新闻传播工作者来说，文本挖掘和情感分析是特别有意义的技术，通过文本挖掘，可以从大量的文本数据中提取关键词、主题、事件等信息；而情感分析可以帮助了解读者对新闻报道的情感倾向，包括正面、负面和中性等。这些技术有助于洞察读者的态度和需求，指导新闻报道的策略和调整。

可以通过数据可视化的方式将分析结果展示给相关人员和团队。可视化有助于将复杂的数据变得直观和易于理解，通过图表、图形、地图等形式呈现分析结果。同时，将分析结论和见解以清晰、简洁的方式进行汇报和分享，确保信息的传递和理解。数据分析和挖掘是一个持续优化和实践的过程。通过观察分析结果的反馈，不断优化和改进分析方法和模型的准确性和鲁棒性。随着技术的进步和新工具的出现，不断学习和探索新的数据分析和挖掘技术，提高新闻传播工作者对数据的理解和应用能力。

总之，新闻传播工作者通过合理收集、整理和分析数据，可以从中提取有价值的信息和见解，进而指导新闻报道和决策。以上步骤和方法提供了一个基本的流程和思路，使用时应根据具体情况和问题进行调整。

4. 数据可视化和应用

一个完整的融媒体新闻传播数据库还需要对分析结果进行可视化和应用。数据可视化是将数据以图表、地图等可视化形式呈现，使用户更直观地理解和分析数据。通过数据可视化，新闻机构可以制作图表、数据报告等，向读者展示新闻事件的发展和趋势。成功的数据可视化应用需要进行数据分析和设计，以确保数据能够以清晰、易懂的方式传达给受众。以下是数据分析和可视化设计的关键要点：通过使用适当的数据分析技巧，进行数据的整体分析和局部分析。这包括统计分析、时序分析、关联分析等。数据分析有助于提炼数据中隐藏的关联、趋势和故事，为可视化设计提供支持。在进行数据可视化设计时，要遵循一些基本原则，以确保数据的有效传达。例如，选择合适的图表类型（如柱状图、折线图、饼图等），调整图表的颜色、尺寸和比例，合理安排数据的排列顺序等。数据可视化应用的交互性设计使用户能够与数据进行互动，并深入了解数据背后的信息。通过添加交互元素，如滑块、过滤器、工具提示等，读者可以自由探索数据，并根据兴趣和需求进行个性化的交互和探索。

完成数据可视化设计后，新闻机构需要进行推广和应用，以确保其收获广泛的受众和读者。第一，在新闻平台上发布和展示，将数据可视化作品与新闻报道相结合，将其发布在新闻机构的线上和线下平台上。可以将数据可视化作品嵌入新闻报道中，也可以通过专门的数据可视化专栏进行展示。第二，利用社交媒体平台的分享功能，将数据可视化作品分享给更广泛的受众。社交媒体有助于推广新闻机构的数据可视化应用。第三，与读者互动和反馈，鼓励读者对数据可视化应用进行互动和反馈。通过提供评论和反馈渠道，新闻机构可以收集读者对数据可视化作品的见解、建议和意见，以进一步优化。

此外，新闻机构还可以利用数据应用开发各种新闻产品和工具，如新闻推送 App、数据新闻网站等，以提供更丰富和更具个性化的新闻体验。大数据的应用为新闻报道、信息分析和内容生产提供了新的思路和方式，可以帮助新闻机构更好地了解受众需求、优化新闻传播方式和提升内容质量。

其一，使用大数据分析，新闻机构能够更好地了解受众需求。通过分析大规模的数据，如社交媒体上的用户行为、搜索引擎查询数据和浏览量统计等，新闻机构可以洞察受众的兴趣、偏好和需求。这样一来，他们可以有针对性地提供更符合受众需求的新闻内容，提高受众的满意度和忠诚度。

其二，大数据分析为新闻报道提供了更多的信息。传统的新闻报道在很大程度上依赖记者的主观判断和经验，而大数据的应用可以帮助记者们获取更多的数据支持和背景信息。通过分析大量的数据，如公共数据集、社交媒体上的话题趋势和实时事件等，记者们可以更好地把握事实和趋势，提高报道的准确性和深度。

其三，大数据分析也可以帮助新闻机构优化新闻传播方式。通过分析用户行为数据和使用模式，新闻机构可以了解受众在不同平台上的阅读习惯和偏好，从而调整新闻内容的呈现方式和传播渠道，提升传播效果。此外，大数据分析还能够帮助新闻机构预测受众对新闻事件的反应和态度，以便更好地应对和回应。

其四，大数据还为新闻机构创造了更多的商业机会。新闻机构可以利用大数据分析的结果，开发各种新闻产品和工具，满足受众多样化的需求。例如，通过分析用户兴趣和消费行为，新闻机构可以开发个性化推荐系统，向用户提供他们感兴趣的新闻内容。此外，新闻机构还可以利用大数据分析的结果制定商业运营决策，如广告定向投放和市场份额分析等，提升盈利能力。

然而，大数据的应用也面临着一些挑战和考验。首先，数据的质量和可靠性是大数据应用的基础。新闻机构需要确保数据准确可靠，以免出现误导性的报道或不准确的结论。其次，数据隐私和安全也是一个重要的问题。新闻机构需要遵守相关法规和道德标准，确保用户数据的安全和隐私。最后，技术和人才的限制也是一个挑战。新闻机构需要具备相应的技术实力和人才来进行大数据分析和运用，这需要投入相应的资源和培养一支专业的团队。

第三节　提升新闻传播主体素养

一、新闻传播工作者要固守职业底线

（一）新闻传播工作者的职责

新闻传播工作者在信息传递中，负有传递真实、客观和有价值信息的职责。

第一，保证新闻的准确性和客观性。固守职业底线意味着新闻传播工作者应该确保新闻的准确性和客观性。在信息爆炸式增长和社交媒体十分普及的时代，网络上存在着大量的虚假信息和谣言。新闻传播工作者作为信息的中介者，需要进行严格的事实核实和多角度的报道，以保证信息的准确性和客观性。只有这样，他们才能提供真实可信的信息，满足公众获取真相的需求。

第二，维护公众的知情权和权益。新闻传播工作者固守职业底线对维护公众的知情权和权益具有重要意义。公众依靠新闻媒体获取信息并做出决策，而这种决策可能影响他们的生活和权益。新闻传播工作者应向公众提供全面、真实、可信的信息，促使公众做出理性的判断和决策。新闻传播工作者只有坚守职业底线，才能够保护公众的知情权和权益。

第三，引导社会舆论和价值观。作为信息传播的重要参与者，新闻传播工作者的报道有着深远的社会影响。他们能够引导公众的意见和舆论，影响社会的价值观。固守职业底线意味着新闻传播工作者有责任传播积极健康、有助于社会进步的价值观，引导公众形成正确的认知和理解。

第四，保护个人隐私和尊严。固守职业底线还包括尊重和保护个人隐私、尊严。在融媒体时代，个人信息收集和传播普遍存在。新闻传播工作者需要遵守隐私保护法律和准则，不侵犯他人的个人隐私权，尊重他们的人格尊严。只有这样，新闻传播工作者才能够建立起信任和良好的社会声誉，真正成为公众的信赖对象。

第五，建立信任和维护媒体形象。固守职业底线不仅对个人有益，对整个媒体行业也有着重要的意义。新闻传播工作者的信誉和媒体形象直接关系到公众对媒体的信任和接受。只有通过固守职业底线、提供真实可信的信息，以及坚持公平公正的原则，新闻传播工作者才能够赢得公众的信任和支持。

（二）融媒体时代新闻传播工作者的挑战

第一，时间压力和即时性要求。融媒体时代，新闻传播工作者面临着巨大的时间压力和即时性要求。信息传播的速度变得更快，要求工作者尽快推送新闻。有些工作者为了能够及时发布新闻，可能会忽略事实核实和深入调查的过程，从而影响新闻的准确性和客观性。因此，工作者需要保持冷静和理性，坚持事实求真的原则，确保新闻的可信度和准确性。

第二，竞争压力和点击量导向。融媒体时代，竞争变得更加激烈，新闻传播工作者面临着更多的竞争对手，需要争夺读者的注意力。为了吸引点击量和阅读量，有些工作者可能会故意夸大标题、制造轰动效应，甚至夸大事实，从而影响新闻的客观性和准确性。在面对竞争压力时，工作者要坚持职业道德和伦理，保持对事实的敬畏，提供真实、客观和有价值的信息。

第三，虚假信息和谣言传播。随着社交媒体的兴起和信息的广泛传播，虚假信息和谣言也成了一个严重的问题。虚假信息和谣言传播速度快，社会影响大。在融媒体时代，新闻传播工作者要具备辨别谣言和虚假信息的能力，确保在报道中不传播不准确或可疑的信息。同时，工作者还要及时辟谣、及时澄清，提供可信的信息来源，防止虚假信息的传播。

第四，个人信息保护和隐私权。融媒体时代，大量的个人信息被广泛收集、利用和传播。新闻传播工作者需要平衡新闻的公共利益和个人信息保护的权益。他们需要尊重个人隐私权，妥善管理和使用收集到的个人数据。保护个人信息和隐私权，是新闻传播工作者维护职业底线的重要方面之一。

第五，社交媒体和公众舆论压力。融媒体时代，社交媒体成为公众表达观点的主要平台之一，公众舆论的压力也更加强大。在这种情况下，新闻传播工作者可能会面临来自公众的压力和批评，甚至遭受网络暴力或网络追捧。这种压力可能会导致工作者违背职业道德，偏向于满足公众的预期或偏好。在面对公众舆论压力时，工作者应坚持客观、公正和独立的原则，不因外界因素而改变新闻报道的客观性，向大众输送正能量、真实客观的新闻报道，坚守职业底线。

（三）新闻传播工作者应注意的事项

新闻传播工作者作为信息传递的中介，应固守职业底线，遵守职业道德和伦理规范。他们应确保报道的准确性和客观性，不随意歪曲事实和故意夸大内容。同时，应遵循公正和公平的原则，平衡各方观点和利益，不偏袒某一方。此外，新闻传播工作者还应保护个人隐私和尊重人的权益，不侵犯他人的隐私和尊严。通过固守职业底线，新闻传播工作者能够提供真实可信的信息，维护公众的知情权和利益。

融媒体时代，新闻传播工作者面临着道德和利益的挑战，需要在二者之间保持平衡。他们应该始终以社会公众利益为出发点，坚守职业道德和伦理，遵循事实真相，不隐瞒、不删减、不捏造信息。同时，他们也需要关注自身的职业利益，保证自己的权益和尊严。在面对各种利益诱惑和压力时，新闻传播工作者需要保持独立思考和理性判断的能力，不受外部势力的影响。只有这样，他们才能够坚守职业底线，为公众提供准确、客观和有价值的信息。

具体来说，需要做到以下几点：

其一，保持准确和客观。新闻传播工作者要始终保持准确和客观的原则。他们应该深入调查和核实事实，确保所报道的事件和信息真实可信。同时，要确保报道的客观性，避免主观观点。只有这样，才能传递准确、可信和公正的新闻信息。

其二，尊重个人隐私和尊严。新闻传播工作者应该尊重个人隐私和尊严。他们要遵守法律法规，不侵犯他人的个人隐私权。在报道中，应该避免过度曝光个人的私生活或敏感信息。当报道涉及个人的时候，要尊重个人权益，进行适当模糊处理，避免造成人身伤害。同时，在报道中要注意用语和措辞，避免伤害他人的尊严和名誉。

其三，平衡各方观点和利益。新闻传播工作者应该平衡各方观点和利益。他们应该尽可能收集各种观点和意见，并在报道中呈现多样性。不偏袒一方，不歪曲事实，确保报道的公正和公平。同时，要关注公众的利益，关心弱势群体的权益，不追求煽动性的报道或损害他人利益的信息。在面对竞争和舆论压力时，应该坚守原则，避免为了迎合某一方面而失去客观性和公正性。

其四，辨别并拒绝虚假信息与谣言。在融媒体时代，新闻传播工作者应该具备辨别虚假信息与谣言的能力，坚决拒绝传播虚假信息。

他们应该进行事实核实和查证，避免在没有足够证据的情况下传播不准确或虚假的信息。他们应该坚守原则，保持独立的报道立场，只传播经过验证的可信信息。

其五，提供深入且有价值的内容。新闻传播工作者应该提供深入且有价值的内容。在融媒体时代，读者不再满足于简单的事实报道，他们希望得到更多的分析和背景信息。新闻传播工作者应该通过深入调查和研究，提供翔实且有深度的报道。他们应该具有扎实的专业知识和思考能力，能够触及新闻事件的本质和内涵。只有不断提高新闻质量，才能赢得读者的信任与认可。

二、新闻人才培养精细化、专业化

融媒体时代促进了新闻传播人才培养的精细化和专业化发展。随着融媒体技术和平台的兴起，新闻传播行业发生了翻天覆地的变化，对人才的需求呈现出全新的特点和要求。

首先，融媒体时代，新闻传播人才培养应多样性和定制化。随着媒体形态的多元化，不同类型的媒体有不同的需求和特点。传统媒体、数字媒体、社交媒体等各式各样的媒体平台纷纷涌现，需要不同类型的人才，以适应和满足其需求。因此，培养新闻传播人才应根据不同媒体平台，提供多样性的训练和教育。例如，培养传统媒体记者，应注重写作和调查技巧的训练；培养数字媒体人才，应注重数据分析和内容制作的训练。融媒体时代能够根据不同媒体领域的需求，提供更加定制化的人才培养方案。

其次，融媒体时代，新闻传播人才应注重跨领域的综合能力培养。在融媒体环境下，新闻传播人才不能仅仅具备传统的新闻写作和编辑能力，还应该具备更广泛的综合能力。他们应该具备跨学科的知识和技能，如数据分析能力、多媒体制作能力、社交媒体管理能力等。此外，新闻传播人才还需要了解相关领域的法律法规、伦理规范和政策法规，以保证报道的合法性和道德性。因此，融媒体时代的人才培养应该注重跨领域能力的培养，帮助学生全面发展，使其适应日益复杂的媒体环境。

最后，融媒体时代，新闻传播人才应注重实践和创新能力的培养。融媒体时代，传统的教学模式难以满足新闻传播行业的实际需求，实践和创新能力的培养变得尤为重要。学生通过参与实际项目、实习、参访等方式，亲身体验并投入实际的新闻传播工作中。这种实践环境能够培养学生的创意思维、解决问题的能力和团队协作精神。同时，还应鼓励学生进行创新，通过运用新技术和新媒体平台，开发新闻内容和传播方法。新闻传播人才应注重实践和创新能力的培养，以适应融媒体时代的发展需要。

融媒体时代，新闻传播行业的多样化和复杂性要求新闻传播人才具备广博的知识和技能。

从培养内容来看，新闻传播人才应该掌握各种融媒体技术和工具的应用方法，包括数字编辑、社交媒体管理、大数据分析等。他们应该熟悉各种数字化工具，如新媒体编辑软件、视频编辑软件、搜索引擎优化工具等，以便更好地进行新闻内容的创作和传播。同时，新闻传播人才应该具备优秀的新闻创作能力，包括文字表达能力、新闻图片摄影和视频拍摄技巧等。他们应该了解新闻报道的原则和规范，能够独立完成新闻稿件的采写、编辑和发布。融媒体时代还要求新闻传播人才具备跨媒体传播和融合营销的能力。他们需要了解不同媒体之间的互动和协同工作机制，能够进行媒体融合营销策划和执行。此外，新闻传播人才需要具备媒体管理和创业能力，熟悉媒体企业的经营管理、市场营销和财务管理等，了解新媒体产业的发展趋势和商业模式，有创新和创业意识，能够在多元化的媒体环境中获得竞争优势；具备良好的伦理和法律意识，遵守媒体职业道德和行业规范，了解媒体法律法规，注重信息真实性和准确性，保护受众权益和社会公共利益。

因此，培养人才的课程设置应该多样化，包括但不限于新闻写作、多媒体制作、数据分析、社交媒体管理、传播伦理等。多元化的课程设置能够提高学生的专业素养，符合不同媒体平台和类型的要求。比如，开设媒体写作与编辑课程，培养学生的新闻写作能力和编辑技巧，包括新闻选题、新闻采写、新闻编辑和新闻评论等；开设新闻摄影与视频制作课程，培养学生的新闻摄影和视频制作能力，包括新闻图片的构图、拍摄技巧和后期制作等内容；教授学生媒体法律法规和伦理标准，培养学生正确处理新闻报道中的伦理和法律问题的能力；教授学生如何利用大数据进行新闻分析和决策，以及数字化编辑工具和技巧的应用。

新闻报道实践是培养学生实际新闻报道能力的基础。学生可以加入学校的新闻媒体，如校报、校园新闻网站等，承担新闻采编任务，进行新闻报道。通过实际的新闻报道实践，学生可以了解新闻事业的基本流程与要求，掌握新闻写作技巧。项目驱动的方式可以让学生在实际工作场景中进行合作和协调，提高他们的团队合作和问题解决能力。通过参与实际项目、实习、参访等形式，学生能够亲身体验和投入实际工作，获得实践经验。跨媒体报道实践是培养学生跨媒体传播能力的重要途径。学生可以运用多种媒体手段，如文字、图片、视频等，进行多样化的报道和呈现。例如，通过拍摄短视频、制作音频节目等。学生可以进一步提升自己的跨媒体报道能力，适应多元化的新闻传播环境。

　　数据新闻实践是培养学生数据分析和可视化能力的重要方式。学生可以通过分析大量的公开数据和开放数据集，挖掘新闻价值，绘制图表和制作数据可视化的内容。这样的实践可以培养学生从数据中发现新闻线索的能力。社交媒体运营实践是培养学生社交媒体管理和推广能力的有效方法。通过参与学校或社会组织的社交媒体运营工作，学生可以了解社交媒体的运作机制，学习如何撰写吸引人的社交媒体内容，提高自己的社交媒体策划和管理能力。在融媒体时代，创新精神和创新能力是非常重要的。学校可以设立创新实践项目，鼓励学生进行创新研究、创业实践等，如开发新的新闻产品或工具、运营新的媒体平台等。这样的实践可以激发学生的创造力和创新能力。

　　行业实习是培养学生实际工作能力的关键环节。学校可以与新闻媒体机构、广告公司、公关机构等行业单位合作，为学生提供实习机会。通过实习，学生可以接触到真实的新闻工作场景，与业内专业人士进行交流与合作，提升自己的实际工作能力和职业素养。此外，在才培养新闻传播人的过程中，导师制和与行业的连接是非常重要的。专业资深的导师能够指导学生培养专业技能和制定职业规划。同时，可以与行业建立紧密联系，例如与新闻媒体、传媒公司、广告公司等建立合作或实践基地，以便学生能够更贴合实际工作需求，并能够及时获取行业动态。

　　融媒体时代对新闻传播人才的要求越来越多样化。因此，跨学科教育和终身学习的理念是至关重要的。学校应该鼓励学生在学习过程中涉猎其他学科，如社会学、心理学、计算机科学等，以提高他们的综合素养。同时，持续提供专业技能的培训和学习机会，使学生能够跟上融媒体时代的发展需求。融媒体时代注重创新和创业能力。在培养新闻传播人才的过程中，应该注重培养学生的创新意识和创业能力。

为此，可以鼓励学生积极参与创新项目、创业比赛等，锻炼他们的创新和创业能力。

三、严格把关新闻传播过程

在融媒体时代，新闻传播过程的把关变得更加重要。

第一，加强对新闻内容的核实。在融媒体时代，信息的传播速度很快，有时很难对新闻内容进行及时、全面的核实。因此，新闻机构和媒体从业者需要加强新闻内容的核实工作，以确保其真实性。在发布新闻之前，应尽可能收集更多的证据和信息，进行多方核实，并采取多种方法验证新闻内容的真实性。此外，新闻机构还应制定相应的编辑审查制度，对新闻内容进行严格审查和把关，避免虚假新闻的传播。

第二，注重新闻报道的客观性和公正性。在融媒体时代，新闻传播的公信力和可信度对媒体机构至关重要。为了更好地保证新闻的客观性和公正性，新闻机构和从业者应该遵循新闻报道的基本原则和职业道德，坚持事实导向，不偏不倚地报道新闻事件。他们应该尽量避免主观观点的加入，不进行不负责任的猜测和揣测，并充分尊重各方当事人的权益和利益。

第三，加强道德约束和自律意识。在融媒体时代，新闻传播速度快、覆盖面广，使得消费者面临着大量的信息选择。新闻机构和从业者应牢固树立社会责任感和职业道德意识，严格遵守新闻行业的道德规范和职业操守。他们应避免以不当的方式获取新闻线索和信息，且不应在报道中夸大事实、恶意抹黑他人等行为。此外，新闻机构也应该加强自律管理，建立健全的内部监督机制，对违反道德职业规范的行为进行纠正和处理。

　　第四，培养公众的媒体素养。除了新闻机构和媒体从业者的努力，公众的媒体素养也是加强对新闻传播过程的把关的重要因素。公众应具备批判性思维和媒体识别能力，学会辨别真假信息，理性判断新闻报道的可信度。此外，公众也应积极参与媒体监督和舆论监督，通过不同渠道和方式对媒体的报道进行评价和评论，实现公众对新闻传播过程的监督和把关。

第五章　融媒体时代电视新闻传播

第一节　融媒体时代电视新闻发展受到的挑战

一、传统电视新闻节目日益减少

（一）电视新闻节目的演变历程

电视新闻起源于 20 世纪 20 年代和 30 年代的美国和欧洲，通过电视技术的发展，人们开始将新闻内容通过电视信号传递给大众。起初的电视新闻以片段式的短暂报道为主，报道范围有限，新闻内容相对简单。直到 20 世纪 40 年代后期和 50 年代初期，电视新闻开始成为人们获得资讯的主要渠道之一。

随着电视技术的进步和电视行业的发展，电视新闻的形态和时长也发生了变化。在早期，电视新闻节目一般以严肃、正式的形式呈现，包括播报新闻内容和播放现场报道等。20 世纪 60 年代和 70 年代，电视新闻开始引入一些娱乐元素，如社会八卦、名人新闻等，以吸引更多观众。80 年代后，电视新闻逐渐引入更多的特别报道、深度分析报道、访谈节目等，丰富了新闻内容和形式。同时，电视新闻的时长也从原来的几分钟上升到半小时、一个小时，甚至更长的时间。

电视新闻的报道方式和技术也在不断提升和改进。从早期的片段报道到后来的新闻解说和现场直播报道，电视新闻的报道方式更加丰富多样。人们通过电视可以看到现场的新闻报道，加深对事件的理解和认知。而随着技术的发展，电视新闻中的图像质量、音频效果和现场直播技术也大幅提升，使观众能够获得更为真实的观看体验。

电视新闻在发展过程中，也呈现出频道竞争和发展专题节目的态势。随着电视台的增多，各家电视台开始竞相推出自己的新闻节目，并在节目内容和形式上进行差异化和特色化。一些电视台专门设立新闻频道，24 小时不间断地提供新闻报道和分析评论。同时，电视新闻还开始推出各种专题节目，如政论辩论节目、财经新闻节目、体育新闻节目等，以满足不同观众群体的需求。

传统电视新闻在过去几十年中拥有很高的影响力。它是人们获取信息的重要来源之一。电视新闻的报道对社会、政治、经济和文化等领域的发展产生了重要影响。

（二）中国电视新闻节目的发展

中国电视新闻节目经历了多年的发展和演变，取得了显著的进展和成就。

从节目类型和内容特点来看，中国电视新闻节目的类型丰富多样，涵盖了新闻报道、财经新闻、体育新闻、娱乐新闻、社会新闻等多个领域。在内容上，中国电视新闻节目注重全面、客观地报道国内外重要新闻和热点事件，关注民生问题，反映社会现实和发展变化。近年来，越来越多的电视新闻节目开始注重深度报道和分析，通过专题报道、调查报道等方式提供更加全面的信息和观点。

从观众群体和收视率来看，中国电视新闻节目的观众群体非常庞大，涵盖了各个年龄层和社会群体。老年人是电视新闻的主要观众群体，他们习惯于通过电视获取信息。而随着互联网的发展，越来越多的年轻人也逐渐关注电视新闻节目。特别是在发生大型新闻事件和突发事件时，电视新闻节目的收视率往往会出现明显的上升。

从社会影响和媒体责任来看，中国电视新闻节目在社会舆论引导和社会影响力方面发挥着重要的作用。一些重大新闻报道和调查报道引起了广泛的关注和讨论，对社会问题的解决和社会风气的改善起到了积极的推动作用。同时，电视新闻媒体需要承担起相应的社会责任，准确报道新闻，遵守新闻职业道德，引导公众舆论，传递积极的价值观念。

（三）中国传统电视新闻节目的类型及不足

中国传统电视新闻节目在类型上存在一定程度的呆板固化倾向，即节目类型较为单一，缺乏创新和差异化。

第一，新闻报道类节目。新闻报道类节目是电视新闻的基础和主要形式，包括新闻联播、新闻30分钟、新闻今日等。这类节目在时间安排、节目内容和呈现方式上较为呆板固化，往往按照固定的顺序和模式播报新闻。报道形式大多采用解说词加图片或视频的方式，缺乏多样化的呈现方式，容易让观众感到单调和乏味。

第二，财经新闻类节目。财经新闻类节目主要指涵盖股票、投资、经济等领域的新闻报道。虽然财经新闻类节目在信息量和深度报道方面较为丰富，但在节目形式上较为固化，常常采用专家访谈、交易所行情等内容，缺乏创新和娱乐性，显得较为枯燥。财经类节目的专业性较强，很难让普通观众产生兴趣，也限制了节目的受众范围和影响力。

第三，体育新闻类节目。体育新闻类节目是指以报道体育赛事、运动员等为主要内容的节目。体育新闻类节目在形式上仍然存在一定的固化问题。常见的形式包括赛事回顾、赛事预告以及体育名人访谈等，缺乏新颖的创意和多元化的报道方式，难以吸引观众的注意力。

第四，娱乐新闻类节目。娱乐新闻类节目以明星八卦、绯闻、娱乐圈动态为主要内容，这类节目在中国电视台中占有一定的市场份额。然而，娱乐新闻类节目也常常陷入固化模式，以猎奇、八卦为卖点，忽视了对影视作品的真实评价和创作背后的努力。同时，娱乐新闻类节目也常受商业利益和八卦趣味驱使，报道内容不够深入，没有承担起传媒行业的职责。

第五，社会新闻类节目。社会新闻类节目主要涵盖社会热点事件、社会问题的报道和讨论。这类节目在面对多种社会问题时，镜头多关注问题表面，缺乏深度调查和多维度的分析。而且，社会新闻类节目重视披露负面事件，忽视正能量的传播，容易给观众留下消极的印象。

二、新媒体视频新闻繁荣发展对传统电视新闻节目的挑战

新媒体快速发展得益于先进的科学技术、多样化的受众需求。正是由于及时抓住媒介形式变革机遇与技术发展契机，新媒体新闻才能够不断抢占新闻传播市场，使得传统电视新闻节目的受众范围与影响力逐渐下降。

（一）先进的科学技术

从技术因素来看，技术创新对新媒体发展的推动作用是不可忽视的。在数字技术、计算机网络技术和移动通信技术三方面，技术创新

为新媒体的发展提供了强有力的支撑。

1. 数字技术

数字技术的发展为新媒体提供了更加广阔的发展空间和更多的创新机会。

首先，数字化媒体使信息的存储和传播更加方便快捷，大大加快了信息传输的速度。比如，数字音频技术使音乐、广播等音频内容可以通过数字化的方式进行存储、传播和处理，极大地丰富了音乐和广播媒体的形式和内容。

其次，数字技术使得内容的创作、制作和编辑更加多样化和便捷化。通过数字工具和软件，人们可以轻松地进行图像、视频、动画等多媒体内容的创作和编辑，从而丰富了传统媒体的表现形式。此外，数字技术还为新媒体提供了更加精准的用户定位和个性化服务，通过数据分析和挖掘，媒体可以更好地了解用户需求，提供更加符合用户兴趣和偏好的内容，增强用户黏性。

2. 计算机网络技术

计算机网络技术的进步是新媒体发展的重要基础。

首先，网络的普及和高速化使得信息的传播更加迅速和广泛。互联网的兴起使得信息不再受地域和时间的限制，人们通过网络可以实时获取和传播信息，极大地拓展了媒体传播的范围。

其次，网络技术为新媒体创新提供了平台和工具。比如，社交媒体的出现使得人们可以方便地分享和交流信息，各种 App 如微博、微信等纷纷涌现，为用户提供了丰富的交流方式。此外，网络技术的进步还使得虚拟现实、增强现实等技术成为可能，拓展了媒体的创新空间。

3.移动通信技术

移动通信技术的快速发展极大地推动了新媒体的普及和创新。

首先,移动设备的普及和移动互联网的兴起使得人们可以随时随地获取信息。通过移动设备,用户可以很方便地浏览新闻、观看视频、参与社交媒体等,为媒体提供了更加便捷和个性化的服务。

其次,移动通信技术为新媒体提供了更加丰富的媒体形式和互动方式。比如,手机应用和移动游戏等创新应用为用户提供了更加多样化和娱乐化的体验,拓展了媒体的创新空间。此外,移动通信技术的进步还促进了移动支付、位置服务、智能家居等的快速发展。

(二)多样化的受众需求

融媒体时代的受众对内容的需求日益多样化和个性化,他们希望能够自由选择感兴趣的内容,并希望能够满足自己的专业、地域、兴趣等个性化需求。受众多元化的需求推动着新媒体在内容创新方面的发展。传统媒体主要以广播、电视、纸媒等形式传播信息,受时间、空间的限制,无法满足个性化需求。而融媒体突破了传统媒体的局限,通过数字化技术和网络传播,可以为受众提供更加多样化和定制化的内容。新媒体以社交媒体、移动应用、在线平台等形式呈现,使得用户可以自由选择并参与感兴趣的内容,例如根据个人兴趣订阅新闻、观看推荐的个性化的视频、参与社交媒体的讨论等。内容的个性化呈现不仅满足了受众的多元化需求,也推动了新媒体在内容创新方面的不断发展和完善。

受众在融媒体时代的另一个重要需求是参与性需求,即参与内容的创作、传播和互动。传统媒体模式主要以单向传播为主,受众处于被动接收信息的地位。而在融媒体时代,受众能够参与内容的创作和传播过程，与媒体进行互动和交流。这种参与性的需求推动了新媒体平台的创新。例如，社交媒体平台提供了用户可以发布、分享和评论内容的功能，使受众成为内容的创作者和传播者；在线直播平台让观众可以与主播实时互动、提问或参与讨论等；数字化出版平台使读者可以在书籍中插入评论和笔记，形成多样的阅读体验。这种平台的创新不仅满足了受众参与的需求，也促进了新媒体的创新发展。

随着移动互联网和智能设备的普及，受众对视频新闻的获取与使用方式提出了更高的要求。视频新闻作为一种多媒体形式的新闻报道，通过融合影像、文字、声音等元素，以生动直观的方式呈现新闻事件和信息，给受众带来了更丰富的观感、更深入的理解和更高的参与度。受众希望能够随时随地获取感兴趣的新闻内容，视频新闻正好满足了这一需求。通过移动互联网和智能设备，受众可以在不同场景通过手机、平板等设备观看视频新闻。视频新闻的视听性强，容易吸引受众的注意力，同时也使新闻内容更加形象、直观。随时随地获取视频新闻的便利满足了受众对实时、及时的需求，推动了新媒体视频新闻的发展。

随着互联网的发展，受众对个性化推荐也提出了更高的需求。传统电视台节目的广播时间和频道是固定的，无法满足每个受众的个性化需求。而新媒体通过个性化推荐算法，根据受众的浏览历史、兴趣标签等信息，提供相应的视频新闻。这样，受众可以更加方便地获取感兴趣的内容，不再需要花费大量时间去搜索和筛选。个性化推荐满足了受众的多样化需求和个性化需求，推动了新媒体视频新闻的不断创新和发展。视频新闻以多媒体的形式传播，在传播方式上相比传统的文字新闻更能满足受众的需求。视频新闻通过图像、声音、文字等多种元素的结合，使新闻更加生动鲜活。受众可以通过观看视频新闻，直观感受到新闻事件的现场、情感和环境。

此外，视频新闻还对音频、图像的制作质量和剪辑的技巧提出了更高的要求，从而提升了受众的观看体验。多媒体体验满足了受众对多样化、多元化新闻形式的需求，推动了新媒体视频新闻的不断创新和发展。受众希望能够参与新闻报道，与媒体进行互动和交流。视频新闻通过评论、点赞、转发等互动功能，使受众能够在新闻播放过程中与媒体和其他受众进行互动，表达自己的观点和看法，从而扩大其参与感。

三、新媒体对传统新闻传播的消解

（一）改变了传统媒体的内容生产

新媒体的兴起给传统媒体带来了巨大的冲击和改变，从传播内容的视角来看，新媒体对传统媒体产生了消解效应。

1. 传播途径的改变

传统媒体主要包括电视、广播、报纸和杂志等形式，而新媒体则以互联网、社交媒体、移动应用为代表，通过数字技术和网络传播内容。传统媒体的传播途径主要依赖电波、纸张等载体，而新媒体以互联网为核心，通过网络传输以及数字化技术实现内容的存储、传播和检索。相比之下，新媒体的传播途径更加广泛、方便和自由。人们可以通过智能手机、平板电脑等随时随地获取新媒体的内容，不再受时间、空间的限制。这种改变使新媒体具有更高的时效性和可及性，并逐渐削弱了传统媒体在信息传播领域的优势。

2. 内容更新速度的提升

在新媒体时代，内容的更新速度非常快。通过互联网和社交媒体，人们可以及时获得最新的新闻、观点、娱乐等内容。相比之下，传统媒体的新闻报道需要经过编辑、印刷等制作流程，时间较长，当发生突发事件或时事新闻时，无法迅速地将其传播到受众。而新媒体可以通过实时推送、热点跟踪等方式提供即时更新的内容。传统媒体在内容更新速度方面的劣势导致了新媒体对其的消解。

3.互动性和参与感的提升

与传统媒体相比，新媒体更注重对互动性和参与感的营造。以前，受众只能被动地接收信息，而新媒体通过社交媒体、互动应用等平台实现了受众与内容之间的互动。人们可以通过评论、转发、点赞等方式与内容创作者和其他受众进行交流和互动。这种互动性和参与感的提升使得受众更加主动地参与和塑造内容，从被动的信息接收者转变为积极的参与者和创作者。传统媒体缺乏互动性和参与感的局限性进一步加速了传统媒体对其的消解。

4.个性化需求的满足

在新媒体时代，人们对个性化内容的需求越来越强烈。新媒体通过个性化推荐算法，根据用户的兴趣、地域、年龄等信息，对内容进行个性化定制，从而为受众提供更加符合其需求的内容。而传统媒体以固定的节目安排和内容形式传播信息，无法满足受众的个性化需求。而新媒体的个性化推荐功能使得受众更容易找到符合其个性化需求的信息内容。

（二）对把关角色的解构

新媒体对传统新闻传播中把关人角色的解构是一个引人关注的现象。传统新闻传播中的把关人通常是由编辑、记者、主编等专业人士担任的，他们负责审核、筛选、编辑和发布新闻内容。然而，随着新媒体的迅猛发展，以互联网为基础的新媒体形式带来了新的传播方式，推动了把关人角色的解构。

1.信息自由流动

把关人在传统新闻传播过程中起到了重要的控制和选择作用。他们根据自己的专业判断和所在地的政策，对新闻内容进行筛选和编辑。然而，新媒体的兴起打破了传统媒体的垄断地位，使信息自由流动成为可能。互联网平台上的新闻内容不再受到传统把关人的严格控制和选择，用户可以通过社交媒体、个人博客等途径直接发布自己的新闻观点和报道，信息传播的路径变得更加多元和开放。这种信息自由流动的状态导致了传统把关人角色的解构。

2.用户生成内容的兴起

新媒体时代，用户生成的内容逐渐崭露头角。在社交媒体平台上，用户可以通过发帖、评论、转发等方式表达自己的观点、分享新闻信息、参与讨论等。用户生成的内容在一定程度上解构了传统把关人的审查和编辑地位，使新闻传播变得更加开放。由于用户生成内容的兴起，传统的把关人角色面临着更加复杂的情况，需要与用户生成内容进行更好的互动，同时也需要用更加灵活和开放的态度去处理这些内容。

3.专业性与用户需求的冲突

传统的把关人通常拥有丰富的新闻专业知识和经验，他们通过严格的审核流程和标准来确保新闻内容的准确性、客观性和公正性。然而，随着新媒体时代受众需求变得越来越多样化，用户追求更有趣、更独特、互动性更强的内容，他们更倾向于从自己喜爱的社交平台等渠道获取新闻信息。这导致了传统把关人的专业性和用户需求之间的冲突。一方面，把关人需要坚守新闻的专业原则和伦理准则，确保新闻传播的质量和权威性；另一方面，他们也需要倾听用户的需求，及时调整内容策划和选择，以满足用户的个性化需求。

第二节　融媒体时代电视新闻传播的创新

一、融媒体时代电视新闻节目的融合特征

在融媒体时代，不同媒体之间的融合发展成为一种趋势。传统媒体和新兴媒体通过相互融合与协同，形成了一个多元化、交互性强的媒介生态系统。

第一，传统媒体的数字化转型。传统媒体，如报纸、电视和广播等，在融媒体时代面临着诸多挑战，但也在寻求转型和发展的机遇。传统媒体通过数字化转型，利用互联网、移动互联网和社交媒体等新技术手段，将内容与新媒体传播渠道相结合。例如，报纸和杂志推出了电子版和移动应用，电视台和广播台通过网络和视频平台播放节目，扩大了用户的覆盖面，拓展了传播渠道。

第二，新兴媒体的融入与创新。新兴媒体，如社交媒体、短视频和直播等，成为融媒体时代新的传播方式和渠道。新媒体具有实时性、互动性和个性化的特点，通过互联网和移动互联网技术，吸引了大量用户。与传统媒体相比，新兴媒体更加注重用户参与、个性化推荐和用户生成内容。传统媒体与新兴媒体的融合，不仅为用户提供了更多选择，也为传播机构和广告主带来了更广阔的市场。

第三，跨界合作与内容生产。融媒体时代，媒体之间的跨界合作成了一种常见现象。传统媒体和新兴媒体之间通过内容合作、品牌合作和渠道合作等形式，实现互利共赢。例如，传统媒体与社交媒体、

视频平台合作推出专栏、节目、栏目等，共同研发和制作内容，扩大了用户的覆盖面。同时，广告主也参与媒体跨界合作，通过跨媒体合作推广产品和服务，提升了传播效果和品牌影响力。

第四，用户参与的增强与精细化运营。融媒体时代，用户参与的意义显得更加重要。传统媒体和新兴媒体通过用户反馈、社交互动和用户生成内容等方式，增强了用户的参与感和体验。用户参与涉及内容选择、评论互动、分享转发等方面，推动了媒介生态的多样化和个性化发展。同时，传媒机构也通过用户数据分析和个性化推荐等手段，进行了更精细的内容运营和用户管理。

第五，数据驱动与精细化营销。融媒体时代，大数据技术的应用将传媒生态发展推向了一个新高度。传统媒体和新兴媒体结合大数据分析和挖掘手段，获取用户行为和消费习惯等信息，进而进行精准定位和精细化营销。广告主通过分析用户数据和媒体数据，进行精确的广告投放。

融媒体时代，内容生产的融合发展是指不同媒体之间在内容创作、制作和推广等方面的融合与协同。传统媒体和新兴媒体通过交互和融合，拓展了内容生产的广度和深度。

首先，内容创作与选择的多元化。融媒体时代，内容创作与选择的多元化是内容生产融合发展的重要特点。不同媒体通过交流与合作，互相借鉴和学习，拓展了内容的创作方式和创作思路。传统媒体在创作过程中可以借鉴新媒体的创新理念和表现方式，而新兴媒体也可以从传统媒体中汲取素材和经验。这种多元化的内容创作和选择使得媒体产出的内容更加丰富多样，满足了不同受众的需求。

其次，多媒体形式的制作与融合。融媒体时代，传统媒体和新兴媒体在制作过程中越来越多地采用多媒体形式进行内容的表达和呈现。除了传统的文字、图片、音频和视频等形式，还引入了互动和虚拟现实等技术手段，实现了多媒体元素的融合。例如，通过文字配音、视频配图等形式，使内容更加生动有趣，增加了观众的参与感和体验度。

再次，跨平台和全媒介的推广方式。融媒体时代，传统媒体和新兴媒体不仅在内容创作上进行融合，还在内容推广方式上展开合作。传统媒体通过互联网和移动端等新媒体平台进行内容的传播和推广，而新兴媒体则通过传统媒体进行正规化宣传和合作推广。这种跨平台和全媒介的推广方式不仅提升了内容的传播效果，也为传媒机构带来了更广阔的市场和更高的收入。

最后，用户参与和 UGC 内容的融入。在融媒体时代，用户参与和用户生成内容的融入成了内容生产不可忽视的一部分。传统媒体通过互动平台和社交媒体等形式，开设用户反馈通道，鼓励用户参与内容创作和互动讨论。而新兴媒体则更多地借助用户生成的内容，丰富了内容的来源和形式。用户生成的内容与传统媒体产出的内容相互融合，进一步丰富了内容的多样性和个性化。

此外，数据分析和个性化推荐的应用。融媒体时代，数据分析和个性化推荐技术的应用对内容生产的融合发展起到了关键作用。通过对用户数据和内容数据进行分析，传统媒体和新兴媒体能够更好地理解受众需求，实现内容与受众的精准匹配。通过个性化推荐，用户可以获取更感兴趣和更符合自身需求的内容，同时传媒机构也能够更加精准地把握用户需求，提升内容生产质量。

融媒体时代的到来对传统新闻传播流程提出了新的要求和挑战，需要进行流程再造，以适应新的环境和需求。融媒体时代，信息的获取变得更加便捷和及时。传统的新闻采编流程需要与新兴媒体融合，采取多渠道、多来源的方式获取信息。传统的新闻机构可以通过引入社交媒体、抓取网络热点、开展大数据分析等手段，及时了解和获取信息。由于信息的爆炸式增长，传媒机构还需要加强筛选机制，从海量信息中选择有价值的、真实可靠的信息。

二、电视新闻媒体人与新闻传播机构的角色转变

（一）电视新闻人的角色转变

融媒体时代的到来，对电视新闻工作者的角色提出了新的要求和挑战。传统的电视新闻工作者需要适应新媒体环境的发展，转变自己的角色和职责。

第一，多平台报道与内容生产。融媒体时代，电视新闻工作者要适应多平台报道和内容生产的要求。他们不再局限于电视媒体，还需要通过互联网、移动应用和社交媒体等平台进行内容创作和传播。电视新闻工作者需要具备跨平台的能力，熟悉不同平台的特点和要求，并提供更丰富的内容。

第二，数据分析与创新报道。融媒体时代，数据分析成为电视新闻报道不可或缺的一部分。电视新闻工作者要学会利用大数据分析工具，深入挖掘数据背后的价值，发现新闻线索和趋势。通过数据分析，他们可以更好地了解观众需求、掌握新闻趋势，并进行创新报道。同时，电视新闻工作者还要积极追踪科技进展和新闻报道的技术创新，不断提升自己的技术水平。

第三，社交媒体管理与舆情引导。融媒体时代，社交媒体成为新闻报道和舆论引导的重要平台。电视新闻工作者要具备社交媒体管理的能力，积极参与社交媒体的互动和传播。他们要了解社交媒体的运作机制，及时回应观众的关注和发声，同时也要善于引导舆情，积极

参与用户的讨论和观点交流，形成更有深度的舆论引导。

第四，用户参与和用户生成内容。融媒体时代，用户参与成为电视新闻报道过程中的重要环节。电视新闻工作者要倾听和尊重观众的意见和反馈，鼓励用户参与新闻报道和互动讨论。在新闻报道中，他们要积极采纳用户生成内容，提升新闻的时效性与真实性，与观众形成更紧密的关系。同时，电视新闻工作者还要通过用户数据分析，了解受众需求，实现内容与受众的精准匹配，提供更具个性化的报道与服务。

第五，品牌管理与文化创意。融媒体时代，电视新闻工作者还要关注品牌管理和文化创意。他们要重视自身媒体品牌的塑造和传播，通过精心策划和创新的报道，打造独特的新闻风格和形象。同时，电视新闻工作者还应积极关注文化创意，注重在新闻报道中体现人文关怀，注重艺术表达。

（二）新闻机构的角色转变

在融媒体时代，电视新闻机构的角色发生了明显的转变，需要适应新的媒介环境和用户需求。

首先，内容生产和创新。融媒体时代，电视新闻机构需要提高内容的多样性和创新性。传统的新闻报道已经无法满足现代受众的需求，电视新闻机构需要通过内容的创新，吸引更多的观众。这可以通过采用新媒体技术、引入多媒体元素、推送互动性和个性化内容等方式实现。创新的内容生产可以使电视新闻机构保持竞争力，并与其他媒体平台形成差异化。

其次，多平台传播与整合。融媒体时代，电视新闻机构不再局限于传统的电视媒体，需要在多个平台上进行内容的传播与整合，通过互联网、移动应用和社交媒体等渠道，将新闻内容传递给更多的观众。

电视新闻机构要拥有跨平台传播的能力，在不同媒体之间实现内容的整合与互动，形成多元化的传播格局。

再次，用户参与和社交互动。融媒体时代，用户参与和社交互动成为电视新闻机构角色转变的重要方面。电视新闻机构需要积极鼓励观众参与和互动，通过社交媒体、用户评论和互动平台等方式建立与观众的双向沟通渠道。这可以通过开展投票、征集意见、引导用户生成内容等方式实现。用户参与和社交互动可以提高观众的参与感和忠诚度，加强观众与电视新闻机构的互动关系。

最后，数据分析和个性化推荐。融媒体时代，电视新闻机构需要更加注重数据分析和个性化推荐。通过对用户数据和内容使用数据的深入分析，电视新闻机构可以了解观众的兴趣和偏好，发现观众需求的热点和趋势。这可以帮助电视新闻机构在内容策划、推广方式和传播渠道方面进行精准匹配。同时，电视新闻机构还需要注重个性化推荐，根据用户的兴趣、地理位置和行为习惯等因素，为用户提供个性化的内容体验。

综上所述，融媒体时代的到来使电视新闻机构的角色发生了转变。电视新闻机构需要在内容生产和创新、多平台传播与整合、用户参与和社交互动、数据分析和个性化推荐等方面进行改革与创新，以适应新的媒介环境和用户需求。

三、融媒体时代电视新闻传播创新实践

（一）央视网的"国际报道集群"项目

央视网通过"国际报道集群"项目，将分散在世界各地的海外记者和合作伙伴组织在一起，实现了全球新闻报道的协同工作。该项目通过共享资源和合作报道，提供了全球范围内的新闻报道，使观众能

够更全面地了解全球各地的新闻事件。这个项目在新闻报道中采用了协同工作的方式，拓展了新闻报道的领域和视野。

（二）新浪微博的"微博直播"

新浪微博作为中国最大的社交媒体平台之一，推出了"微博直播"功能，允许用户通过文字、图片、视频等多种形式实时报道事件，让普通用户成为"现场记者"，能够即时报道发生在身边的事件，并且与其他用户进行互动和分享。"微博直播"改变了传统新闻报道的方式，让一线新闻和事件通过普通用户的参与和观察得以更迅速和更立体。

以上所列举的案例只是融媒体时代新闻传播工作创新的一小部分，而且这些案例正在不断发展和进化。它们向人们展示，新闻传播在融媒体时代融入了更多的技术和创新元素，提供了更多元、更实时和更具互动性的传播体验。这些创新案例对新闻行业的未来发展和变革都具有重要的启示和影响。

第三节　融媒体时代电视新闻传播的思考

一、内容资源多渠道整合

（一）内容资源多渠道整合的意义

融媒体时代，电视新闻传播应注重内容资源的多渠道整合，这对电视新闻行业具有重要的意义。内容资源的多渠道整合可以让电视新闻更加全面、更多样化、更及时，并增强其传播效果和竞争力。

其一，内容资源的多渠道整合可以带来更多的内容，丰富电视新闻的种类和形式。传统电视新闻受有限的播出时间和编辑审核的限制，难以涵盖所有新闻信息和话题。而通过多渠道整合，电视新闻可以获取来自互联网、社交媒体、移动应用等渠道的多样内容，如各类事件报道、专题访谈、公众意见等，从而更好地满足受众的需求。

其二，电视新闻的特点是及时传递重大事件和热点新闻，而多渠道整合可以更快地获取新闻资讯，提升报道的及时性。互联网和社交媒体等渠道提供了实时的新闻资讯，通过整合这些渠道的内容，电视新闻可以及时报道最新的事件进展和社会热点，提高新闻报道的时效性和观众的关注度。

其三，多渠道整合不仅意味着能够获取更多的内容资源，也意味着与受众之间的互动与参与感增强。通过互联网、社交媒体等渠道，电视新闻可以与观众进行实时互动和反馈，如观众评论、在线问答和投票等。互动与参与感的加强，有助于建立更亲密的新闻观众关系。

（二）内容资源多渠道整合的策略

1. 建设融媒体云平台

在融媒体时代，电视新闻传播应建设融媒体云平台。融媒体云平台作为一个集成化的系统，可以整合电视新闻传播中的各种内容资源和技术手段，提供更高效、更灵活、更多的新闻传播服务。

融媒体云平台可以整合来自多个渠道的新闻内容资源，包括电视台自身的新闻制作、采访等资源，以及互联网、社交媒体、移动应用等渠道的内容资源。通过平台的整合，电视新闻可以获得更多的新闻来源和数据信息，从而提供更加全面的新闻内容。

融媒体云平台可以提供一个共享和协作的工作环境，让不同部门之间可以更好地协同工作、共享资源和知识。各个部门可以通过云平台，实现信息、数据的即时共享和交流，提高工作效率和协同能力。这样，电视新闻的制作和传播过程中的各个环节可以协调一致，达到快速、高效的目标。

融媒体云平台可以提供统一的工作流程和一体化的技术支持，通过数字化、自动化的方式提高新闻报道的制作效率。新闻编辑和记者可以更加便捷地获取新闻资源、编辑和制作新闻内容，从而在更短的时间内提供更多、更好的新闻节目。同时，平台可以提供实时的协同和监控功能，使各个环节的工作进展可视化、可追踪，提高整体的工作效率。

融媒体云平台可以提供更丰富、更具个性化的新闻内容，并通过智能推荐等技术手段将符合用户兴趣的内容呈现给用户。用户可以通过电视、互联网、移动设备等多种终端访问平台上的内容，根据自己的需求选择感兴趣的新闻、深入了解相关信息、与他人进行互动等。这种个性化的用户体验可以提升用户对电视新闻的参与感和忠诚度。

建设融媒体云平台需要相应的基础设施和技术支持，包括云计算、存储、网络、安全等方面的基础设施，以及相应的软件和系统。这些基础设施要满足大规模数据处理、高并发访问等需求，以确保平台的稳定性和扩展性。通过融媒体云平台，各个部门和团队可以实现数据的集中管理、整合和共享，通过制定统一的数据标准和接口，实现各个系统之间数据的无缝衔接和交互。这样，不仅可以提高员工之间的协作能力，还能为新闻制作和传播提供更准确、更全面的数据支持。

2. 内容生产个性化

在融媒体时代，电视新闻内容生产呈现出个性化的趋势。随着科技的发展和受众需求的多样化，电视新闻机构逐渐意识到个性化内容生产的重要性。个性化内容生产能够更好地满足受众的需求，增强用户体验。

在信息时代，人们面对海量的信息，很难从中筛选出真正感兴趣和有价值的内容。受众希望能够通过个性化的方式获取其感兴趣的新闻内容，减少信息过载的困扰。每个人的兴趣和偏好都不尽相同。传统电视新闻无法满足每个受众的个性化需求，而个性化内容生产可以根据个人的兴趣和偏好提供相应的定制化内容，更好地满足受众的需求。传统电视是单向的传播媒介，而融媒体时代受众希望参与内容生产和定制，通过互动和反馈来实现个性化内容生产。

实现个性化内容生产，应对用户数据进行收集和分析，电视新闻机构可以了解用户的兴趣、偏好和行为习惯，从而实现个性化的推荐服务，通过智能算法和机器学习技术，为每个用户提供具有针对性的内容推荐。电视新闻机构可以通过互动式的平台，收集用户的反馈和意见，了解用户的喜好和需求。根据不同受众的兴趣和需求，电视新闻机构可以推出针对特定受众群体的新闻节目。例如，定制化的财经新闻节目、足球新闻节目等，为特定受众提供其感兴趣的内容。通过融媒体的方式，电视新闻机构可以将内容在多个平台上输出和传播，满足不同受众的喜好和习惯。例如，通过电视、互联网、移动应用等不同平台，以不同的形式和呈现方式传递内容，提高内容的个性化程度。通过引入虚拟现实、增强现实和360度视频等先进技术，电视新闻机构可以提供更加真实的体验式内容，更好地满足受众的个性化需求，增强用户的参与感和体验感。

二、融入社交元素，开启内容付费新时代

（一）传统电视新闻融入社交元素

融媒体时代，新闻传播开始融入社交元素，这对新闻行业具有重要的意义。随着社交媒体的兴起和发展，人们在获取新闻内容和互动交流方面的需求发生了变化。新闻传播逐渐与社交媒体融合，新闻报道更加贴近受众。

社交媒体平台提供了用户与新闻机构之间直接互动的渠道。通过评论、分享、点赞等操作，用户可以表达对新闻内容的看法、参与讨论、分享自己的观点。这种互动性和参与感的提升使新闻传播不再是单向的，而更加注重受众的参与和反馈，继而增强了新闻报道的互动性和社会影响力。

社交媒体的实时性和广泛参与，使得新闻事件能够更快速地被报道和传播。在社交媒体平台上，用户可以实时分享新闻信息、观点等，从而拓展了新闻报道的视角。通过社交媒体平台，新闻机构可以获取受众和用户的第一手资讯，以及更真实的观点和见解，提高新闻报道的时效性和准确性。

社交媒体作为一个全球性的平台，可以将新闻内容传播到更广泛的受众群体。用户通过社交媒体可以在自己的社交圈子里分享新闻内容，进而让更多的人看到。这种社交传播的特性扩大了新闻传播的范围，新闻报道能够更好地渗透到社会各个角落，引发公众关注和讨论。新闻机构可以组建专门的社交媒体传播团队，负责在各个社交媒体平台上发布内容、与用户互动以及解答问题。该团队应该具备专业的社交媒体管理技能，能够把握受众喜好和平台规则，以更好地传递新闻内容，建立和维护与受众的良好关系。

在新闻网站和移动应用中整合社交分享功能，方便用户将感兴趣的新闻内容分享到社交媒体平台上。通过社交分享功能，用户可以将新闻报道推荐给自己的朋友和关注者，同时也可以带动更多人参与新闻讨论和传播。为新闻稿件、文章和报道添加评论和反馈机制，让用户可以直接在新闻页面上进行评论、提问和回应。这样可以增强受众参与感，同时也能让新闻机构与受众建立更紧密的互动关系，并了解受众的需求和意见。

（二）电视新闻付费成为发展趋势

融媒体时代，电视新闻付费成为发展的趋势。

随着互联网和移动设备的快速发展，传统广告模式在电视新闻行业面临着挑战。传统的广告模式依赖广告商的投放和用户的观看量，广告收入受观看量、广告价值等因素的影响。随着互联网广告的崛起，竞争加剧，广告主切换传播渠道，对电视广告的需求也在减少。在信息爆炸的时代，人们对高质量、可靠和独家的新闻内容越来越珍惜。面对大量的信息来源和迅速变化的社会环境，用户希望通过付费获取真实、准确、深入的新闻报道。付费模式可以为用户提供更高质量、更专业的新闻内容，满足用户的需求。电视新闻机构通过付费模式可以更好地维持自身运营及新闻制作的质量，投入更多资源来提供深度报道、新闻分析以及独家报道等高品质的内容。付费模式能够保障媒体的自主性和专业性，确保新闻报道的中立性和客观性。电视新闻机构可以通过设置部分付费内容，让用户付费订阅，享受更深入、更精准的新闻报道。在这种模式下，一部分内容仍然免费提供，吸引用户进入平台并获取一定的用户量，而精华内容则需要付费观看。例如，某些全球新闻平台提供免费订阅和付费订阅两种方式，为用户提供不同层次的新闻内容。电视新闻机构可以通过建立自己的付费内容平台，直接与用户进行交互和内容销售。通过自建平台，电视新闻机构可以更好地掌握用户需求和行为，提供个性化的付费内容服务，同时与用户建立更紧密的关系，增加用户黏性。电视新闻机构可以通过多元化的付费模式获得收益。除了付费订阅，还可以推出付费专题、付费会员、付费报告等形式的付费内容。这些多元化的付费模式可以根据不同内容的类型和受众需求来进行定价，提高新闻机构的盈利。为了充实付费内容，电视新闻机构可以与其他行业的合作伙伴进行联动。例如，与专业研究机构、知名专家、行业组织等合作，共同开展深度报道与分析，提供优质的付费内容。

三、新技术带来新体验

融媒体时代，新技术为电视新闻传播带来了新的体验。新技术的应用使电视新闻内容更加丰富、互动性更强，并且能够提供质量更高的用户体验。虚拟现实和增强现实技术为电视新闻传播带来了沉浸式的体验。

通过佩戴 VR 头显或使用 AR 装置，观众可以身临其境地体验新闻事件，增强了观众的参与感和参与度。此外，AR 还可以通过添加信息层面，使观众可以在电视新闻中看到更多的实时数据、图表和图像。

360 度视频技术使观众可以全方位地浏览和观看新闻场景。观众可以通过电视、电脑或移动设备，在全景视角下观看新闻报道，更好地理解事件的背景和发生地点。

新技术使电视新闻观众可以通过实时互动平台与新闻报道进行实时的互动和反馈。观众可以通过社交媒体、手机应用程序等平台，在实时报道中进行评论、提问、投票等行为。这种实时互动平台可以增加观众的参与感，使他们能够分享意见、提出问题和参与讨论，实现观众与新闻制作团队之间的互动。

人工智能技术可以在电视新闻传播中提供更加个性化的体验。通过分析用户的兴趣和行为数据，AI 技术可以依据每个观众的喜好提供定制化的推荐内容，使观众能够更加方便地获取自己感兴趣的新闻。此外，AI 技术还可以用于自动字幕生成、语音识别和内容分析等方面，提高电视新闻制作的效率和准确性。

移动应用和社交媒体的普及，为电视新闻传播带来了更多的观众和更多的传播渠道。观众通过移动应用，可以在任何时间和任何地点获取新闻内容，同时还可以通过社交媒体分享新闻，与朋友和其他受众进行互动和讨论。移动应用和社交媒体的应用为电视新闻传播带来了更加便捷的传播方式。

新技术使电视新闻传播可以更方便地集成实时数据和图表。利用网络和云技术，新闻报道可以提供更多的实时数据和图表，如股票行情、选举数据、天气情况等。

第六章　融媒体时代短视频新闻的发展

　　融媒体时代，人们接收新闻的形式也在不断发生变化，不仅能够通过传统的书籍、报刊、广播等接收新闻资讯，还能够利用电脑、手机等移动终端实时了解新闻资讯，并实现新闻信息的二次传播，大众拥有了更多的话语权和知情权。以短视频形式来传播新闻信息逐渐被越来越多的社会大众接受。要想研究融媒体时代短视频新闻发展的特点与传播策略，首先必须明确融媒体时代短视频新闻的内涵，在准确理解其内涵的基础上，对融媒体时代短视频新闻的发展制定相应的策略。

第一节　融媒体时代短视频新闻传播策略

一、融媒体时代短视频新闻传播的内涵

　　短视频新闻是指通过短视频进行新闻报道，不仅有效利用了短视频传播速度快的特点，还与新闻传播的特性不谋而合。简单来讲，在传递新闻时，短视频能将新闻传播中声音、画面、文字实现完美融合。通过短视频报道，受众能够第一时间了解新闻的真相和内容。

　　短视频的最大特征在于"短"，短小精悍的内容是其能够在融媒体

时代得到快速发展的最大优势。短视频的"短"有效迎合了当下人们对碎片化阅读的需求，方便人们在乘公交、休闲娱乐时获取想要的资讯信息。短视频的时间一般控制在一分钟左右，最长不超过五分钟，能够以简短、清晰的语言传达最重要的新闻资讯。

相较于传统的新闻传播媒介来说，短视频传播更具有实时性和直观性，大众不需要通过特定的媒介，而是能够随时随地通过手机获取新闻信息，操作较为简单，符合社会大部分人的信息获取习惯。并且，短视频新闻内容丰富、短小精悍，不需要占据受众太多的时间，受众能够根据新闻的内容进行转发、评论、点赞等多种活动。

二、融媒体时代短视频新闻的特点

（一）内容简洁

在内容的制作上，短视频内容与新闻内容同样有简洁、清晰的特点，这也是由短视频和新闻本身的性质决定的。互联网、大数据的发展不仅丰富了人们获取信息的渠道和方式，还带来了"信息大爆炸"，海量的网络信息充斥在人们的周围，人们无法对冗长的信息一一进行识别和筛选，所以简短精练的内容显得尤为重要。

短视频新闻主要是以短小精悍的内容为主，主要由画面、背景图片、文字、声音等元素组成，受众能够在几秒、十几秒之内快速判断短视频新闻的主要内容，大大节约了人们的时间。而且，短视频新闻在缩短人们阅读时间和阅读精力的同时，能够帮助人们了解新闻的内容，了解事情的真相，满足了大多数受众对新闻的需求。短视频新闻的制作重点不在于拍摄技巧、画面呈现，而在于信息输出的时效性，能够使新闻信息在极短的时间内实现快速传播，在保证新闻真实性的基础上，配以相应的音乐、文字渲染，利用短视频的宣传作用和社会舆论引导功能，提升新闻内容的影响力。

（二）具有时效性

融媒体时代，短视频已经成为人们社交、娱乐的重要方式之一，全方位地融入人们的生活。利用简单的文字和图片，将信息上传到网络中，人人都能够成为信息的传播者和接收者，从而加快信息传播的速度。通过"文字＋图片＋语音"这样简单的模式，人们能够在短时间内将收集整理到的信息快速发布到网上，进一步增强新闻传播的时效性和影响力。而时效性恰恰也是新闻的重要特征之一。

以往，通过电视、报纸、广播等新闻媒介传递消息，并不是人人都能在第一时间获取新闻的主要内容，需要对新闻信息进行二次、三次甚至多次的传播，需要很长的时间。而在融媒体时代，通过短视频进行新闻传播，能够有效地将新闻信息直接传递到每一个受众，进而缩短了新闻信息二次、三次传播的时间，提升了新闻传播的时效性。

利用短视频进行新闻传播，能够有效缩短人们获取新闻的时间，让受众群体第一时间了解真相，明白事件发生的整个过程。

（三）与受众产生互动

短视频新闻传播具有的即时性和互动性是传统新闻媒体传播无法比拟的优势。在传统的新闻传播方式中，新闻传播是单向的，受众只能够被动接受新闻媒体传递的信息，参与感不强，不能够发表自己的观点和想法。久而久之，人们就降低了对新闻内容的兴趣。而短视频新闻的发展改变了受众只能接收信息、不能够发表自己想法的现状。举例而言，当人们通过短视频看到一则新闻时，不仅能够进行点赞、转发、收藏等活动来表达自己对新闻内容的关注，还能够通过评论来表达自己对新闻事件的看法，通过浏览其他评论进行"附评"，与其他受众群体产生互动，增强新闻参与感。对于新闻工作者而言，短视频评论也能够将社会大众对新闻事件的不同看法和声音整合到一起，从不同的视角深挖新闻事件的内涵，更能够代表社会大众的声音，提高社会大众对新闻的认可度，了解融媒体时代受众对新闻的真实需求，为新闻工作接下来的生产和传播提供准确的方向。事实上，与受众产生互动，不仅能够提高受众的参与感，还能够激发社会大众对新闻的主体意识，自觉承担起传播真实新闻事件、维护社会公平公正的责任。

（四）新闻主体范围逐渐扩大

融媒体时代的到来，使得传统的由单一新闻主体构成的新闻传播格局被打破，新闻内容的制造者不再局限于新闻工作者，任何人都能够利用手机记录身边的真实事件，新闻内容的主体也不再是单一的"大人物""大事件"，更多社会底层民众的故事通过短视频被大众熟知，聚焦于"小人物"的故事也成了短视频新闻的重要特点之一，促进了新闻内容主体的多元化发展。除新闻主体逐渐聚焦于"小人物"之外，新闻内容的产生还具有国际化的趋势。以往，受时空和技术手段的限制，国际新闻传递到社会大众的时间往往很长。而在融媒体时代，新闻生产的主体逐渐多元化，人们了解国际新闻的渠道也变得更加丰富。无论是路人还是新闻工作者，都能够及时地通过手机以短视频的形式记录下发生的新闻事件，加快新闻事件的传播速度。

（五）呈现形式

在融媒体时代，短视频新闻的呈现形式也有效地迎合了大众的需求，不仅符合人们日常使用手机的习惯，也丰富了内容的呈现方式。人们不仅能够了解到新闻的主要内容，还能够通过短视频中的背景、声音、文字的色彩营造氛围、渲染情绪。例如，在通过短视频发布表示哀悼的新闻时，新闻的内容的字体颜色一般是较为庄重的灰色和黑色，或者是醒目的红色，相应的配图和画面内容也能够给人带来一种庄严肃穆之感。在融媒体时代，以短视频的形式呈现新闻内容，更加符合人们当下的信息获取习惯，能够为大众带来更好的阅读体验，增强受众对短视频平台的黏性。

三、融媒体时代短视频新闻的传播策略

融媒体是充分利用媒介载体，把广播、电视、报纸等既有共同点又存在互补性的不同媒体，在人力、内容、宣传等方面进行全面整合，实现"资源通融、内容兼容、宣传互融、利益共融"的新型媒体。在融媒体时代，传统媒体与互联网等新兴媒体传播渠道的集合，能够实现资源共享、信息集中处理，衍生出多种形式的信息产品，多渠道、广泛地将信息传播给受众。

从融媒体的特点来看，融媒体能够对文字、图片、音频、视频等多种形式的媒体资源进行整合，使得信息传播的内容和形式更加丰富。而且，在融媒体时代，能够实现信息的双向传播，融媒体平台能够利用大数据和人工智能分析用户的获取信息的习惯和偏好，实时为用户提供符合其兴趣、需求和偏好的内容。融媒体还为用户提供了多种渠道的即时互动功能，融媒体平台能够对通过不同渠道收集到的用户信息进行整合，为用户提供更加丰富的信息资源。

在融媒体时代，新闻行业工作要准确把握融媒体时代发展的脉络，不断提高新闻行业与融媒体时代的契合程度，深刻解读短视频新闻传播的内涵、特点和优势，发挥短视频新闻在信息传播中的作用和价值，引领社会价值观，传播社会正能量。具体而言，融媒体时代短视频新

闻的发展策略，必须建立在对时代发展特点的充分把握之上。无论是短视频新闻传播的形式、内容，还是传播的渠道、资源的整合，以及数据化、个性化的新闻定制，都必须要符合当前社会发展对新闻传播的要求，必须能够代表社会主流价值观和广大人民群众的心声，要报道社会上发生的真实事件，发挥短视频新闻在社会价值观引领中的重要作用。

（一）加大对短视频内容的监管力度

融媒体时代，新闻行业在传播短视频新闻时，首先要做到加大对短视频内容的监管力度，净化短视频传播市场，以严格的制度和科学合理的手段做好短视频新闻的宣传和传播工作。加大对短视频行业领域的监管力度，是净化短视频市场的首要前提，这样能够有效制止短视频领域的低俗、恶性竞争，为优质的短视频内容传播提供良好的市场发展空间。

在融媒体时代，新闻主体逐渐多元化，媒体之间竞争的实质是内容竞争，如果无法保证新闻内容的质量，那么即使传播的途径再多、传播的范围再广，也无法有效引起受众的关注，反而会给人带来审美疲劳，最终导致短视频市场发展混乱，影响我国的文化事业建设。在"内容为王"的时代，新闻工作者要坚持正确的方向，坚守道德底线，要关注社会大众所关注的热点问题，真实反映底层人民群众的声音，剔除新闻传播中不正当的信息和不实的言论，保证短视频新闻的健康传播。

加大对短视频新闻传播的监管力度，要从多个方面做起。加大对新闻工作人员的职业道德培训，不断提高其综合素质和新闻采编能力，定期开展对新闻工作者的思想政治意识培训。每个新闻工作者都应该认真履行自己的职责，在追求短视频新闻内容传播量和影响力的同时，注重短视频新闻的核心质量，及时剔除不正当的言论和信息，实现短视频新闻传播的健康持续发展。

（二）明确受众需求

明确受众需求、加强社会主义价值引导是短视频新闻未来发展的基本方向。在融媒体时代，新闻传播不再是由新闻传播平台向社会大众的单向传播形式，而是新闻媒体和社会大众之间的双向传播交流。社会大众了解新闻的渠道逐渐多元化，如果主流新闻工作者不能有效且正确地把握当前社会大众的新闻需求，就会失去新闻市场。简而言之，新闻工作者在生产短视频新闻的过程中，不能只注意"自己要传播什么"，而是要充分考虑"受众想听什么"。主动让自己"下沉"到基层，了解当前的民生百态，关注当前社会大众最关心的社会问题，利用自己专业化的知识和能力将新闻事件的真相真实、清楚地呈现在大众眼前。在了解受众的需求之前，新闻行业工作者要做好统筹规划的工作，积极鼓励短视频新闻工作人员从不同的角度出发，培养核心受众群体，着力增强受众黏性，提高短视频实时推送的精准度，让受众能够将自己的新鲜感转化为兴趣和爱好，推动短视频新闻可持续发展。

在设计和制作短视频内容时，新闻工作人员要提前了解受众的需求，对受众群体进行细致的划分，根据不同受众群体的需求选择合适的新闻内容进行推送，尽量保证新闻内容的合理性和针对性。利用互联网和大数据，新闻工作人员能够有效收集短视频新闻受众群体的阅读习惯和阅读偏好，以便后台人员进行相应的数据分析，为每个群体建立相应的数据档案，了解用户的性别、年龄、兴趣偏好、阅读习惯等多种信息，并对用户以往的短视频浏览记录、转发记录、评论习惯等进行分析，不断对短视频新闻的受众群体进行细分，为其推动感兴趣且具有较高实用价值的短视频新闻内容，发挥短视频新闻的重要作用和价值，提高受众群体对短视频新闻传播的依赖程度。

除不断对受众进行细分之外，还应该主动拓展短视频市场新领域，紧跟市场发展的需求，不断提升短视频新闻传播的"网感"，在拉近与受众距离的同时，拓展新用户，提升自身的影响力。要想明确受众的真实需求，就必须与受众产生有效的互动，了解当前用户对已经播出的新闻视频的反馈，以及未来短视频新闻视频的核心需求。另外，短视频平台还可以设置相应的用户反馈模块，用户能够根据自己的爱好调整短视频浏览的设置，发表自己的建议和想法，提升短视频传播过程中受众的参与感。

（三）加强短视频新闻传播平台建设

融媒体时代，加强短视频新闻传播平台的建设对提高短视频新闻的传播效果有着重要的影响。短视频平台的建设为短视频传播提供了载体，主流媒体新闻工作者要从多个方面出发，吸引短视频新闻制作人才和平台开发人才参与短视频新闻的制作和传播过程中，在保证短视频新闻内容质量的基础上，不断提高短视频新闻制作的效率。

首先，主流媒体短视频平台长期以来凭借专业的能力和良好的口碑赢得了市场，新型主流媒体在信息传播中一般是权威、客观的代表。新时代，要想实现高质量主流媒体短视频新闻传播平台的建设，就要持续发挥自身的优势，始终秉承"内容为王"的理念，打造优质的短视频新闻产品。

其次，传统新闻产品一般采用线性的新闻生产方式。随着技术的发展，融媒体新闻传播格局的建设，主流媒体应该逐渐优化新闻传播的采编过程，实现"一次采集、多种生成、多次传播"的短视频新闻传播流程，保证新闻传播的即时性与时效性。

再次，满足受众的阅读需求。新闻传播的生产要主动切合当下受众的垂直竖屏阅读习惯和碎片化的特点，使新闻传播更加"接地气"，从而形成独特的新闻传播风格。

最后，主流新闻传播媒体要主动对接新技术，将 VR、AR 应用于新闻传播中，使短视频新闻内容更加具有立体感和真实感，帮助受众更加直观地了解事物的全貌。

（四）创新语言表达模式，增强传播效果

在融媒体时代，主流新闻媒体工作者应该主动改变传统单一、严肃的语言表达模式，根据受众的真实需求，创新语言表达方式，将灵活多样、趣味横生的语言表达融入短视频新闻的传播之中，提高个人影响力，充分发挥新闻工作者自身语言魅力和人格魅力的感召力和影响力，让受众能够在潜移默化中接受新闻工作者所传递出的价值观念和，并将其内化于心，作为自己在社会实践中的指导。

在语言表达模式的选择上，不同的新闻内容需要选择不同的语言表达方式，在传播新闻内容的同时融入自己的感情，改变传播新闻传播中平铺直叙的表达方式，借助真实的情感和声音增强受众的代入感，以激发受众与工作人员之间的情感价值共鸣，引发受众对新闻内容更深层次的思考，增强传播的效果。

融媒体时代，互联网和大数据的飞速发展使得新闻传播向着智能化、智慧化的方向发展，能够对海量的信息数据资源进行分析，了解新闻传播过程中社会大众最真实的新闻知识需求，并且能够实现实时

化、精准化的信息推送，这也是传统新闻媒体传无法比拟的优势。

智能化的新闻推送虽然能够满足受众对高质量、高密度的视频信息资源需求，但是长期单一化、缺乏情感表达的叙述方式会给受众带来一定的审美疲劳，使受众在浏览和阅读短视频新闻的过程中逐渐失去耐心，也无法产生情感共鸣。基于此，新闻媒体工作者在促进短视频新闻传播和发展的过程中，除注重短视频内容的丰富化、传播手段的多元化之外，还要提升自身的个人魅力。在制作视频内容时，要采用情感化的叙述方式，既要保证话语内容的真实性、能够代表社会主流价值观，还要在语言叙述的过程中传递自身的情感，建立与新闻受众之间的情感连接，利用个人魅力来增强用户对短视频新闻的黏性，进而提高短视频新闻的传播效果。所以，短视频新闻工作者要在保证新闻内容真实性的基础上，融入自己的情感表达，改变传统新闻传播中平铺直叙的叙事习惯，利用亲民化的语言拉近与受众之间的距离，提高受众对新闻内容的获得感和体验感。

短视频新闻的时长和信息承载量有限，为了保证传播的影响力和受众的吸收效果，短视频新闻工作者必须对短视频新闻的内容进行筛选，考虑大部分受众对新闻信息的接受能力，不能一味地在短视频中无限叠加有价值的信息，这样反而会影响短视频新闻内容的传播效果。短视频内容的制作要"张弛有度"，既要有效满足受众对新闻知识内容的知识需求，又要利用多元化的音乐、场景、图片来满足受众的情感需求，加强短视频新闻在调节受众情绪、使其放松身心方面的作用。为了保证传播效果，短视频工作者要在强化情感表达的基础上，从多个视角进行分析和报道，关注底层人们的真实生活，借此提高短视频新闻对受众的吸引力，发挥短视频新闻在社会价值引领中的积极作用。

第二节　融媒体时代短视频新闻传播发展方向

在融媒体时代，推动新闻传播向短视频领域拓展是提高新闻传播效果的必由之路。在"内容为王"的原则下，传统新闻传播媒体与新媒体的传播渠道并不矛盾，而是相辅相成的，能够有效扩展新闻传播的范围。新闻传播已经逐渐在微博、微信、短视频等各个领域扎根，以短视频形式为主的新闻传播已经成为人们获取新闻信息的重要方式。为推动短视频新闻的创新发展，主要新闻工作者要在充分把握时代发展特点的基础上，深刻剖析当前短视频新闻发展的特点和形势，主动承担社会责任，宣传党的方针政策、弘扬社会正能量、引导社会舆论、疏导公众情绪，搞好舆论监督。新闻媒体要利用以短视频为主的信息传播手段，主动深入人民群众，积极促进政府、社会、民众之间的相互沟通和相互理解，发挥其在营造社会风气、促进社会和谐方面的积极作用。

一、融媒体时代短视频传播的主要特征

在融媒体时代，短视频新闻传播具有独特的优势，已经逐渐成为信息传播的主流渠道，这也是当前电视媒体迎合新闻受众的重要手段之一。短视频新闻的广泛传播自然离不开短视频平台的建设与发展，促使主流媒体、商业媒体、社交媒体之间交互共融，共同打造出了短视频新闻传播发展的"新蓝海"，迎来了各类媒体平台竞相角逐，极大地丰富了短视频新闻的传播内容、传播渠道、传播方式。

在短视频平台中，主流新闻媒体承担着新闻传播的重要职能。一

方面，短视频平台以自身具有的娱乐性和社交性吸引了大量的用户，并形成了稳定的短视频传播社群，许多流量大 V、视频博主等都是依靠发布新颖、有内涵的短视频来实现粉丝数量的增长，并不断扩大自身的影响力的。巨大的用户基数为新闻传播创造了条件，使新闻在短时间内便能够实现多次传播，增强了传播效果。另一方面，相对于其他媒体来说，主流新闻媒体在短视频领域的拓展更具号召力和影响力，能够以传播正确的社会价值观、引导社会舆论、调节社会矛盾为己任，进一步遏制不良社会思潮的影响，维护网络舆论环境。相对于商业媒体和自媒体，主流新闻媒体更具传播优势，其传播内容的可信度都大大超过了其他媒体，更能够快速获得受众的认同。

短视频新闻传播受众年轻化的趋势也非常明显。青年群体在短视频的传播、分享等多个方面都有着巨大的作用。因此，要先明确未来短视频新闻发展的方向，首先就要深刻剖析年轻受众群体对短视频新闻的需求。在新闻阅读和热点关注方面，年龄在 26～35 岁之间的群体更活跃，文化素养较高，浏览的内容广泛，更习惯文图、音频、视频等元素融合交叉的传播方式。尤其是在新闻互动方面，青年全体更热衷于在新闻事件中发表自己的看法和观点，获取他人的认可，引导舆论的进一步升级。另外，青年群体也更愿意主动参与新闻传播，基于活跃的思维和成熟的视频剪辑技术，通过视频二次剪辑、转发、评论的方式，将个人的观点带到新闻传播环境中，以短视频新闻的方式传递价值和重要的信息。

综上所述，要想正确地把握融媒体时代短视频新闻的发展方向，主流新闻媒体必须做好前瞻性的思考和探索，深挖融媒体时代社会大众对短视频新闻的需求，促进短视频新闻内容、传播方式和传播渠道不断升级，形成全新的融媒体新闻传播矩阵，提高短视频新闻在互联网环境中的影响力。

二、融媒体时代短视频新闻的传播发展方向

在融媒体时代，短视频等新信息传播媒介的出现改变了人们获取信息的方式、生活方式以及娱乐方式。短视频能直观地将新闻信息的时间、地点、人物、经过、背景展示出来，使用户的空间感知和场景体验得到优化，有效地拉近了人们与新闻之间的距离。短视频虽然丰富了受众获取新闻信息的方式和手段，增强了新闻的真实性和即时性，但也带来了不少问题。多元化新闻传播主体的出现削弱了主流媒体的话语权，普通事件被恶意炒作也时有发生。基于此，传统主流媒体在短视频生产、传播的过程中，需要将其专业化、跨地域、跨时空、影响力强的优势发挥出来，依托丰富的空间场景对信息内容进行数量和质量上的提升，将短视频的优势发挥出来。

（一）以丰富的场景扩增信息容量

1. 空间聚合优势

短视频时长一般在一分钟之内，以往单条的电视新闻、饮食短片等都属于短视频。在融媒体时代，短视频的商业属性和社交属性更加明显，这也是导致不良社会信息传播的根本原因，通过在短视频新闻事件中插广告、引导舆论来获得流量和关注，改变了新闻传播的本质。随着短视频行业领域发展逐渐规范，未来短视频的内容必将向着精品化、精细化的方向发展。简单来说，大量的低质量短视频将会被淘汰，精品化、能够给受众带来价值提升和精神共鸣的内容会被保留。这些内容聚焦于社会发展过程中的各类新闻事件，不仅包括航空航天、政治会议、国际新闻等重大事件，助农扶贫、社会实事、工程建设、民

生百态也能够通过短视频快速传播。

在融媒体时代，主流新闻媒体工作者必须发挥自身的优势，在生产短视频新闻时，不断精炼短视频的内容，创造情节丰富故事，促使短视频的空间张力和叙事张力得到延伸。空间承载着故事和信息，短视频新闻传播的即时性能够将新闻的故事与信息依托于多元化的空间场景，从而对视频本身的新闻内容进行价值重塑。例如，在制作以人物为主的短片时，能够以人物故事情节再现的方式叙述新闻，依托丰富的空间场景将新闻故事呈现在受众眼前，既能够以直白的方式让大众了解主人公和历史事件发生的背景、过程，又能够让受众深刻体会到其中蕴含的情感价值，引发受众的共鸣。

2. 空间呈现优势

在融媒体时代，利用现代媒介技术能够对故事的情节进行情景再现。特别是近年来，短视频与高新技术的不断融合，使得短视频沉浸式全景视听的效能得到了进一步提升。主流新闻媒体工作者需要充分利用信息技术的优势，更新短视频新闻的内容呈现方式，不断提高用户的体验感，强化新闻传播的影响力和感召力。在许多微视频纪录片中，网站新闻工作者在制作视频内容时运用了 360 度全景呈现的方式，结合了 VR、字幕、图片等元素，融合了视觉体验和科技感，丰富了视频呈现的内容。

（二）以用户共鸣实现价值引领

随着互联网信息技术的发展，信息传播实现了"爆炸式"的增长。从短视频发展的来看，只有能与用户产生强烈共鸣、调动用户情感参与的内容，才能够吸引受众的注意力。在这种情况下，主流新闻媒体工作者必须将真实、可靠、权威的信息传递给大众，并且要将新闻传播过程中用户的情感因素利用起来，保证短视频能够有效引发用户的共鸣，进而主动引领社会舆论。

1. 情绪渲染

不同的新闻内容有着不同的主题，想要表达的情感价值也不同。短视频新闻工作者能够放大视频中某些特定的情节，在细节处凸显新闻的主题，或者通过构建情景再现，调动用户的情绪，让用户在浏览视频时能够将自己带入场景或者故事情景之中，进而准确把握短视频新闻内容的主题。以我国央视新闻制作的短视频新闻为例，视频的制作过程皆遵循真实性的原则，在描绘典型人物以及新闻信息内容时，这种刻画方式能够有效引发大众的情感共鸣，发挥新闻在引领主流价值观方面的重要作用。相比于传统的新闻传播，短视频最大的特点便是能够有效整合信息内容，受众在浏览视频的过程中，会根据视频的内容产生情感上的波动，从而更深刻地领会新闻信息传播背后的价值。

2. 叙事共情

为了有效提高新闻传播的效果，短视频新闻工作者必须引发受众的"共鸣"，短视频内容的时长较短，但具备相应的塑造情节、讲述故事的能力。在利用短视频进行新闻叙事时，首先要梳理整个事件的过程，抓住其中最能与新闻主题相呼应的情节，进行放大渲染。这种"以小见大"的叙事方式能够有效引发受众的共鸣，于细节之处烘托主题，使新闻的主旨得到升华。

在融媒体时代，受众在浏览信息的过程中，习惯地采用碎片化的阅读方式。在几秒到十几秒的时间之内，短视频的内容必须能够快速地吸引用户的注意力，激发受众的阅读兴趣，加快叙事节奏，密集安排情节，满足融媒体时代人们对碎片化内容的需求。新闻工作者必须了解当下社会大众对新闻内容的切实需求，找到彼此之间的"共情点"，以创新的表达方式将新闻的内容呈现在受众眼前。在短视频新闻的生产过程中，要贯彻以人为本的原则，利用生动的故事情节和饱满鲜活的人物形象，挖掘人身上勤劳、智慧、善良的美好品质和闪光点，引发受众的共鸣，让受众在潜移默化中将新闻的价值内化于行动之中。

3. 最后创新的表达方式

拍摄短视频新闻，一般有两种表达方式。第一种就是以第一视角讲述新闻事件发生的经过，直观地表达自己的真实感受。以主人公第一视角为叙事的切入点，通过记录新闻主人公的真实生活来表达主题，更具真实性，容易引发与受众的情感共鸣。而另外一种则是通过第三视角，客观、理性地描述事件的真相。在融媒体时代，短视频新闻的表达方式更加灵活和多样，呈现出了轻松、灵活、接地气的特点，紧密贴合了当前互联网受众的需求。所以，主流新闻媒体工作者在制作短视频新闻的过程中，应该主动吸取其他非正式短视频新闻传播的优势，吸引用户的注意力。

（三）以生态转型优化视听体验

现代互联网信息科技的飞速进步，推动了整个视听行业的转型升级，高品质的画面和极致的听觉享受已经成为人们浏览短视频的最新追求。在"内容为王"的时代，短视频新闻的发展必须依托优质的内容，新闻工作者要不断更新短视频的生产方式和呈现方式，向社会大众提供优质的短视频产品，淘汰市场中劣质、低俗的短视频化，进一步优化我国短视频行业发展的生态环境。技术是推动短视频新闻实现创新发展的重要基础，传统主流媒体新闻工作者在生产短视频的过程中，要保证短视频能够积极引导社会主流价值观，在准确把握技术特性的基础上，利用技术思维推动视频内容的生产方式、传播方式和呈现方式的更新，不断为社会大众带来极致的视听体验。

1. 树立大数据思维

在融媒体时代，推动短视频新闻创新发展，应该树立大数据思维。简单而言，短视频新闻的发展不能只重视传播，而忽视了数据的收集。数据可视化的方式能使短视频新闻中的信息直观地呈现在大众面前。例如，在《"数读"北移亚洲象奇幻旅程》这一段视频中，两分钟的时间里，不仅介绍了亚洲象的旅行历程，还在画面中添加了字幕，将亚洲象本次迁徙的旅程地点、公里数、疏散人员情况、资源投入等用数据可视化的方式直观地呈现在受众眼前，帮助受众直观地了解这一新闻事件。短视频新闻的精髓在于"短"，更在于"精"，只有不断丰富短视频中的信息含量，才能有效抓住受众碎片化阅读的实际需求，在较短的时间之内收获良好的传播效果。

2. 时空再造思维

新闻是对已经发生或正在发生的事件进行详细的报道。但是面对已经发生的新闻事件，人们无法还原已经发生的历史事件，只能够依靠现代技术进行情景再现，帮助人们直观地了解新闻事件发生时的真实情况。部分短视频题材的内容相对比较抽象，就可以利用现代技术还原时空情景。例如，《奉贤博物馆里的青铜人竟集体"出逃"》这一短视频，上海广播电视台融媒体中心将动画创作技巧融入短视频中，利用青铜小人形象转化为三星堆青铜像，具有浓厚的趣味性。利用智能科技，不仅能够实现情景再现，还能够将实物"拟人化"，增强短视频内容的表现力，满足社会大众对短视频趣味化、灵活化的需求。新闻工作者在生产短视频的过程中，要主动利用人工智能技术，实现信息采集、制作、传播等各个环节的重构与再造。在短视频新闻生产与传播的过程中，新闻工作者要充分运用面部识别技术、数据抓取等技术实现信息的收集、整理与分析，深度融合视频录制与智能剪辑技术，不断提升短视频画面的质感，并将现代虚拟现实技术融入其中，为受众不断带来极致的视听体验。

第三节　融媒体时代短视频新闻案例分析

在融媒体背景下，短视频的出现、快节奏的生活方式、碎片化的阅读习惯重塑了整个新闻行业的生态，给传统媒体报道带来了挑战，传统主流新闻行业不得不做出向视频媒体进军的变革。社交网络立足于多种网络节点，能够让用户突破时空的限制，以网络协作的方式生成新闻，传统媒体受到了强烈的冲击。主流媒体如何在融媒体时代寻求数字化的生存方法，发挥其新闻制造和舆论影响的功能，成为主流媒体行业面临的关键性问题。

新闻的生产和传播过程都发生了巨大的变化。过去相对封闭、链条式的新闻生产流程逐渐向开放、互动、去中心化的传播模式转变，进而重构了整个新闻生产的过程。澎湃新闻正是诞生在"阅读移动化、新闻社交化、受众细分化、媒介碎片化"的时代。澎湃新闻是上海报业集团向融媒体改革后的第一个产品，作为《东方早报》的新媒体阵地，澎湃新闻在发展的近十年中，不断致力于打造中国第一时政新闻品牌，每天二十四小时生产新闻产品，其改革发展的模式值得所有传统主流媒体借鉴。

一、融媒体时代澎湃新闻发展

作为一个定位于互联网原创新闻生产的新媒体，澎湃新闻自上线开始，就始终坚持移动优先、内容为王，在短视频发展的黄金时期积累了基础用户，确立了其在短视频新闻传播中的地位。2016 年，澎湃新闻的前身《东方早报》彻底休刊，自此实现了从传统纸质媒体向融媒体的彻底转型。纵观澎湃新闻的转型发展之路，我们可以发现，不断深耕内容、重视原创，整合多渠道传播资源、紧抓社会需求是其能够在激烈的媒体竞争中始终保持竞争优势的关键因素。澎湃新闻目前每日生产的新闻内容多达几百条，其中原创的新闻视频占一半以上。通过跨平台的传播，澎湃新闻在近十年的时间里实现了多次迭代，收获了无数的忠实粉丝和用户群体，不断增强其传播力和影响力。

中国传统意义上的新闻体裁，一般分为消息、通讯、评论、摄影、漫画、深度报道、特写和调查报告等八类。随着互联网传播手段在新闻报道中的广泛应用，以及新闻业务改革的深入和新闻工作者创新意识的加强，新闻题材的分类逐渐趋向多元化。深度报道一直是澎湃新闻的一大亮点，从传统意义上来说，深度报道是对主题新闻时空维度的深度拓展和报道，是媒体抓住社会热点或者重大的新闻事件、社会现象，通过新闻事件与社会的联系来展现其背后更深层意义的报道形式。其本质就是"深入""深刻"，即对事情真相的全面了解和掌握，对事物现象的全面剖析和探索。在融媒体时代，新型传播媒介丰富了受众了解社会信息的渠道和形式，而受众对新闻也有了新的需求。传统的事实报道已经不能够满足社会大众对新闻发展的需要，受众需要新闻媒体工作者对新闻事件进行全面的剖析和解读，帮助受众了解新闻事件的真相和更深层次的意义，既要有温度，还要有深度，这是澎湃新闻深度报道的特点。

融媒体时代，利用短视频进行深度报道已经成为一种新的新闻生产方式。澎湃新闻将短视频与深度报道巧妙地融合在一起，利用丰富的视听结构对新闻事件的背景和内容进行多个角度的深度解读，使传统的深度报道脱离了固有的叙事方式，进而不断提升澎湃新闻的影响力。将短视频传播与深度报道融合，能够有效拓展新闻内容的张力。以优质内容为核心，以发布原创、专业的互联网新闻报道为目标，澎湃新闻制作了既有速度又有温度和深度的新闻报道，覆盖了时政、财经、科技、新闻调查等多个领域，形式丰富多样。

从 2017 年开始，澎湃新闻的产品形态正式向平台化迈出了一大步，这也被认为是澎湃新闻从 1.0 走向 2.0 阶段的重要一步。澎湃新闻推出的湃客号、政务号和媒体号在短时间内吸引了大量的优秀内容创造者和全国各级政府部门的关注。和其他平台的创作号不同，澎湃新闻部分采取邀请制入驻，对创作者的创作内容有着较高的要求。此外，澎湃新闻还积极开拓了海外布局，在世界各地都收获了大量的用户关注，成为对外传递我国声音的一个重要窗口。

二、融媒体时代澎湃新闻传播矩阵搭建

新闻传播矩阵的搭建是澎湃新闻发展过程中的关键环节。除坚持主流价值观、持续稳定地提升社会影响力、实现良好的社会效益之外，能够探寻到符合自身特点的商业矩阵模型，具备可持续经营的方向、不断实现流量的转化和变现也是新闻媒体转型成功的重要指标。澎湃新闻在近十年的转型发展过程中，不断调整自己的商业矩阵模型，如今已经实现了广告、版权、政务、智库、技术输出等多元化的收入格局，持续性地为社会大众投放优势的短视频新闻资源，传播社会主流声音。

在新闻传播的过程中，澎湃新闻能与包括金融、汽车、奢侈品、数字产品等在内的很多品牌形成营销矩阵，它们都是澎湃新闻传播过程中的潜在用户，不断扩大澎湃新闻的用户获取范围。而澎湃新闻自身依靠"两微一端"和抖音平台分发号，吸引了平台上数以万计的粉丝，构成了庞大的社群矩阵。

随着移动互联网营销的发展，优质内容的制作和传播已经成为新闻传播过程中一个重要的环节。作为一个优质的内容生产者和传播平台，澎湃新闻在近几年的发展中已经提炼出了全方位的内容创作解决方案。从新闻的创意策划、文案撰写、H5制作、条漫绘制到视频编导、创意拍摄剪辑等最后的多渠道平台分发，已经形成了全方位的优质内容制作矩阵，持续不断地为社会公众输出优质的视频内容，增强澎湃新闻在社会公众中的影响力。利用优质的内容生产能力和传播能力，澎湃新闻服务于各级政府部门，不仅为国家政务机构提供新时代更高效、更丰富的传播手段，还能够持续关注社会发展过程中各行各业人民群众的心声，起到上传下达、调节社会矛盾的作用。

近年来，澎湃新闻致力于把自己打造成为全链条的内容生态服务商，基于融媒体转型过程中积累的技术和管理经验，为社会新闻媒体提供包括生产、审核、分发、商业化全链路和生态化建设在内的一站式解决方案。

三、澎湃新闻全媒体 PGC 模式的构建

澎湃新闻与商业视频平台在内容生产方面最大的区别在于，商业平台普遍采用海量 UGC（用户生产内容）方式，而澎湃视频则坚持原创，坚持使用 PGC（专业生产内容）的方式。当然，澎湃新闻也并不拒绝 UGC 的内容。作为一家主流新闻媒体机构，澎湃新闻在技术、

资金和人力上都很难对 UGC 内容实现全开放。UGC 内容是指无数个人用户或者自媒体生产的内容，数量庞大、内容多元，但是在质量上存在着良莠不齐的现象，甚至有着大量低俗的、不符合社会主流价值观的内容，这就需要澎湃新闻进行严格的审核和处理。例如，今日头条、抖音、快手等平台都拥有大量的人工审核团队来对劣质视频内容进行筛选和过滤。基于此，澎湃新闻采用了 PGC 的内容生产方式。除了自己的视频新闻制作团队，澎湃新闻还设置了排课系统，用户能够提供自己的素材和资料，经过审核后为其提供相应的报酬。PGC 模式最大的优势就在于澎湃新闻不仅能自己掌握短视频新闻传播的质量，还能有效扩大新闻素材获取的范围。澎湃新闻的工作人员能根据用户提供的视频新闻素材主动监控、调查事件发生的过程，寻找更多的新闻线索，及时对新闻事件的最新内容进行实时跟进，使澎湃新闻"七环"栏目的视频新闻内容质量和数量都得到了大幅的提升，还有效增加了新闻媒体平台与用户之间的互动次数，"接地气"的新闻内容也赢得了更多用户的喜欢。

澎湃 PGC 模式的两大探索成果："澎湃号"和"澎友圈"

为了面向更多的受众群体，为社会公众提供多元化、高品质的短视频新闻内容，澎湃新闻在探索传统时政、经济、科技、商业等新闻信息领域的同时，不断探索新的信息内容合作发布模式。内容开放的"澎湃号"和能以社群形式与用户产生互动的"澎友圈"就是澎湃新闻在 PGC 模式下的成功探索。自"澎湃号"上线以来，上万家媒体机构、权威政务平台、社会优质的个人作者受邀入驻澎湃新闻平台，累计发布了近千万条优质的 PGC 内容。

四、澎湃新闻短视频深度报道系列

相比于单个短视频宣传效果，短视频深度报道系列在叙述方面更具有优势，短内容的呈现更加客观、具体、全面，系列主题新闻之间既有联系又相互独立，能够持续性地输出某一类新闻内容。用户在观看短视频新闻的过程中，能够通过"视频推荐""与之相关"等链接找到与该视频内容类似的视频，从而形成阅读习惯，增强用户的黏性。相比于聚合栏目的微视频，澎湃视频的"温度计""记录湃""一级市场"等栏目更多聚焦于深度采访的短视频和系列报道。新闻才是澎湃视频最核心的竞争力。在"温度计"和"记录湃"两个栏目中，澎湃新闻工作者利用深度报道更加立体地去呈现整个新闻事件，更加多元化地去捕捉新闻人物的特点。澎湃新闻深度报道系列也是其与其他媒体机构相比最核心的优势之一。

相比于其他新闻，深度报道系列时间较长，有着完整且丰富的故事情节。而澎湃新闻深度系列报道，选择以去中心化的多元主体和动态性与非线性的叙事策略相结合，不断调整叙事结构，提升澎湃新闻的影响力和传播力。

（一）去中心化的多元主体选择

融媒体环境下，短视频的叙事主体呈现出了多元化、身份界限模糊以及去中心化等特征。简单来讲，就是直接隐藏叙述主体，使受众在浏览视频时能够将自己主动带入视频的场景中，紧跟故事情节的发展，了解新闻事件的最终走向。叙述者一般分为三类，即公开的叙述者、隐藏的叙述者和缺席的叙述者。在澎湃新闻系列的短视频中，新闻工作者以公开叙述者出现的频率和次数较低，一般都是在"暗访"的报道中才会有公开叙述者的身份出现。例如，澎湃新闻"温度计"

栏目推出的国庆特别计划：转型中的数字中国—《中国厂长》系列报道中，就涵盖了由多个主体组成的系列短视频故事，将中国转型过程中那些底层的小人物搬到银幕上来，再加上大社会背景的烘托，深度剖析了转型中的数字中国背后普通群众的奋斗故事。这些短视频的主人公来自各行各业，以第一人称的视角讲述自己的故事，更能够凸显真实感，也更容易激发与受众之间的情感共鸣，从而增强用户黏性。

在澎湃新闻深度报道系列中，更多的是引发社会强烈关注的话题。如《九位老人的空心村：年轻人还能唤得回吗》系列报道中，新闻工作者用心记录自己观察到的一切，通过多个场景、多个视频记录了老人们的生活场景，虽然没有用大量语言去描述农村老年人医疗、养老、家庭伦理关系、文化传统、留守儿童等种种问题，却通过真实的视频记录将受众带入到场景之中，引发了受众的思考与共鸣，激发了受众心中对家庭、对老人和子女内心深处真实的情感，揭露了当前我国城市化速度加快、农村老年人生活无法保障的现实困境。在一系列的短视频新闻中，澎湃新闻工作者都不再以自身为主角对整个新闻内容进行解读，而是让不同的受众群体作为主人公，讲述自己的经历，同时与大量的图片、音频、视频元素相结合，这样不仅能让受众感受到新闻主人公身上人性的光辉，还能以多种角度呈现他们背后的故事。"小人物"与"大社会"的碰撞，成为深度报道系列中常用的模式。

（二）动态性与非线性叙事结合

系列短视频内容能够有效增强用户对新闻媒体的需求黏性，打造垂直性新闻传播领域，有效凸显新闻传播的优势，集中了解受众对某一个特定新闻类别的爱好和需求，培养长期性、稳定性的忠实读者。对于新闻传播来说，培养一个忠实读者所花费的时间成本和精力成本更高，但一旦培养出稳定的新闻受众群体，维护好受众和新闻媒体之间的关系，就会为新闻媒体带来稳定的效益增长。持续性、高质量新闻内容的输出能够将偏向于观看这一新闻内容类型的社会受众群体"稳定"下来，为新闻媒体带来长期的、稳定的收益。澎湃新闻在系列短视频的叙事结构上增强了文本的连续性、可读性和趣味性。在传统新闻深度报道中，通常是以事件发生的先后顺序进行叙事，这种叙事结构往往遵循着"开始—发展—高潮—结束"的顺序，符合事件发展的基本逻辑。但这在短视频中是难以实现的。

在快节奏的生活中，短视频产品实现了"爆炸式"的增长，人们在浏览短视频的过程中，筛选的时间较短，如果不能够在几秒钟之内，迅速吸引受众的眼球，那么受众就会丧失对短视频新闻内容的兴趣。基于此，澎湃新闻深度报道系列中，采取了动态性和非线性的叙事结构相结合，将新闻时间在逻辑上进行合理分割后，从中筛选出最核心的部分，对其进行多维度的排列重组，将新闻中的高潮热点放置在短视频的开头，这样既能够保留深度报道的解释功能，节省人们理解信息的时间和精力，又能够激发人们的好奇心，提高人们对事物本身的关注度。

融媒体时代，用户已经成为新闻媒体争相抢夺的资源，而澎湃新闻正是利用多维度的叙事模式和蒙太奇的手法，以核心报道内容为主，不断向前延伸和"请听下回分解"的方法，牢牢将用户掌握在自己的受众，不断推出高质量的视频产品，增强用户的黏性。

第七章　融媒体时代自媒体新闻传播

　　长久以来，报纸、电视、广播等这类传统媒体一直被看作我国新闻信息传播的主流媒体。这些传统主流媒体对稳定我国的社会环境、传播主流价值观、促进社会主义各项事业的建设与发展做出了重要的贡献。

　　从 20 世纪 90 年代开始，随着科学技术的进步和互联网的快速发展，数字化媒体呈现出迅猛发展的态势，各类依靠数字化网络技术的媒体逐渐出现在大众视野中，尤其是以论坛、微博、微信等为代表的大众化信息发布平台，从而形成了一种新的媒体形式—自媒体。自媒体的出现打破了传统主流媒体在新闻传播领域的权威性，以平民化、多元化、快速性、广泛性和互动性的优势逐渐与传统主流媒体相抗衡，从而形成了多元化的新闻传播格局。自媒体时代的到来使传统意义上的新闻生产和报道方式发生了变革。

第一节　自媒体新闻传播的特点

一、自媒体简介

　　最早提出"自媒体"概念的是美国著名的 IT 专栏作家—丹·吉

尔默，他认为媒体发展变迁的过程就目前来说可以分为三个阶段。首先是新闻媒体 1.0 时代，即传统的媒体时代，包括电视、广播、杂志、新闻等；二是新闻媒体 2.0 时代，即互联网媒体时代，以互联网技术为支撑的网络媒体和社交媒体逐渐成为新闻传播的主流；三是新闻媒体 3.0 时代，即自媒体时代，各种规范性以及非规范性的信息能够通过现代化、电子化的手段向广泛的受众群体或者单个的新闻受众进行传播，微博、微信等都是自媒体的代表。

"自媒体"是依靠互联网技术而出现的一种具有即时交互性的媒体报道方式。自媒体新闻报道突破了传统意义上一个独立的新闻工作者或者几个新闻工作者以团体或者机构的形式为社会提供新闻资源的生产方式，而是将众多来自不同行业、不同社会阶层和有着不同社会经历的普通大众当作新闻传播过程中的一环，有效地收集社会各界的思想和信息，使新闻内容的信息和传播方式变得多元化。

目前，互联网受众群体逐渐年轻化，在新闻信息的获取方式上呈现出多样化倾向，这也成了自媒体新闻报道出现的催化剂。在融媒体时代，年轻的受众群体不但更加热衷于多元化的信息传播方式，更有着前所未有的新闻互动需求，能够熟练地运用各种搜索引擎和媒体平台功能，从多个角度、各个地方了解他们想要获取的信息资讯，并依靠成熟的媒体平台实现新闻信息的多次转发和传播。

另外，随着新闻传播的范围越来越广，社会大众对新闻传播的互动需求也越来越强。通过评论、转发、解读新闻内容，受众能够提高在新闻传播过程中的参与感，获得他人的认可。

二、自媒体新闻传播的特征

自媒体作为一个新型的网络媒体，在传播主体、传播内容、传播效果和互动交流等多个方面都不同于传统主流媒体，有着自身的传播特点和方式。总体来看，自媒体新闻传播的特征主要包括以下几个方面：

（一）平民化

在传统媒体环境中，新闻从业者一般是受过职业培训的专业新闻人士，从属于相对正规的新闻媒体机构，遵守共同的职业道德和价值观念，在新闻报道中能够从专业化的角度出发对整个新闻事件进行详细的报道。新闻工作人员在进行新闻传播活动时，接受所属机构和组织的把关和监督，经过严格审查符合主流价值观的新闻内容才会向社会公众进行公布。而且，新闻发布的主体一般是政府机关组织或者新闻媒体机构，发布的内容具有较高的可信度和真实性。

然而，随着自媒体环境的发展，新闻传播的主体逐渐开始平民化，普通的群众也能够参与社会新闻的传播、讨论、解读。大多数人并没有接受过职业化的新闻培训，他们所进行的新闻传播活动在很大程度上是出于好奇或者是满足自己在网络环境中的需求，其信息内容也相对集中在民生实事、社会新闻等方面，更多的是通过简单的"视频＋文字叙述＋音乐"的方式将自己身边的所见所闻发布到网络上。与以往的传统新闻媒体相比，自媒体新闻传播的界限相对比较模糊，人们不仅可以自己选择信息，还可以自己发布信息，也可以成为新闻事件、热点话题的主人公、见证者和发布者，新闻制作、传播的门槛逐渐降低。

（二）自主性

传统媒体中的新闻传播主体，都属于某一个媒体机构或者组织，其进行的新闻信息的采写、编辑和发布等行为都是媒介或者团体组织的行为，是媒介公共行为的重要组成部分。新闻工作人员严格受媒体机构或者组织的约束，新闻内容由新闻媒体机构进行层层审核，确保社会大众普遍能够接受。与传统媒体相比，自媒体新闻信息的制作、编辑和传播的主体是个体，其可能不属于社会中任何一个新闻媒体机构和组织，其在自媒体上发布和传播新闻信息的行为也不受任何组织的驱动，而是显示出了自主性的特征。

（三）交互性

在互联网环境中，人们通过社交媒体平台能够与任何人产生联系，也方便了新闻信息的快速传播。随着人们在网络中的社交活动越来越多，社交圈的范围也在不断扩大，从而形成一个巨大的社会关系网。个体为了满足自我表达、社会交往、信息分享等多种需求，会从自身周边产生的海量信息中筛选出最具吸引力的一部分进行分享，而其他用户也会根据自己的喜好选择对新闻信息的内容进行二次整理和传播，吸引粉丝的关注和互动。在自媒体环境中，新闻传播已经不再是传统媒体中一对多、点对面的传播模式，而是多对多、面对面的网状模式。新闻信息传播已经不再是简单的传播形式，而是在公众之间的自主社交行为。自媒体的交互性、低门槛使得信息内容更加丰富、传播范围更广，在社会网络中产生了更加深刻的影响。

（四）内容丰富

在传统媒体环境中，新闻内容的价值首先要符合社会主流价值观，其内容多经过专业新闻工作者的严格筛选，信息含量高，导向正确，制作精良，有着较强的社会影响力。而且，新闻的内容必须能够惠及大众，能够被普通的社会大众接受，是社会大众普遍关心的热点新闻话题。同时，由于受传统新闻传播媒体手段和方式的限制，新闻内容的时长、数量、发布时间等较为稳定。在自媒体环境中，新闻传播的主体大多是非专业人士，其传播新闻的主要目的是满足个人的表达诉求和娱乐诉求，新闻内容也逐渐呈现出多元化的现象。信息发布的内容可以是受众的亲身经历、见证，也可以是受众自身对新闻事件的调查研究，涵盖了社会发展过程的每个环节。因此，通过自媒体更能倾听到底层社会民众的声音和诉求。

在传统的新闻媒体中，新闻媒体机构人力有限，新闻内容的题材和类型往往也比较单一，主要涉及时政、科技、经济等内容。而在自媒体环境中，新闻制作、传播的主体不再局限于传统的新闻工作人员，任何人都能成为新闻传播的主体。在自媒体环境中，新闻传播的内容可以是社会大众身边的时事新闻、人生百态，也可以是其对社会热点事件问题的看法。

（五）即时性

随着移动智能网络的普及，人们通过手机便能够接收到来自社会各界的新闻信息，也能利用手机第一时间记录和传播自己身边发生的时事新闻事件，弥补了传统主流社会媒体无法及时对社会各界的新闻信息进行第一时间跟踪报道的缺点。在自媒体环境中，人们对新闻事件的了解不再依赖传统主流媒体的报道，每个人都可以依靠网络这个开放性平台，进行新闻信息的自主编辑和发布。有了自媒体，人人都可以通过注册自媒体账号将随手拍下的短视频、图片分享到网络上，实现新闻信息的即时传播。这样的传播方式也改变了传统主流媒体对新闻信息的垄断局面，使新闻制作从专业走向大众，每个人都拥有了较高的新闻信息自主权和知情权，在真正意义上实现了新闻传播的对等。普通社会大众不再处于新闻信息链的最低端，不再是被动的信息接收者，而是成为主动的信息传播者和信息生产者。

（六）双向性

由谁掌握信息源这一问题决定了信息传播的方式和路径。与传统媒体垄断信息源、掌控话语权相比，自媒体环境下的新闻信息源掌握在每个人手里。每个拥有手机或者移动网络终端的人，都能将自己身边的信息以图片、文字、短视频的形式发布出去，而这些信息的接收者又有可能成为下一个信息的发布者和分享者。在自媒体环境下，公众可以集新闻生产者、发布者和接收者于一身，各个角色之间的界限逐渐变得模糊。这也将传统新闻传播中单向式的传播路径转变成一种双向互动式的传播模式。

传统主流媒体信息的单向流动特征比较明显，主要表现为受众只能够被动接受主流媒体提供的新闻资讯，缺乏有效的信息反馈机制。而自媒体新闻传播却是双向的，基于互联网交互性特征而兴起的自媒体传播新闻模式，首先表现为自媒体与普通社会大众之间的双向互动，即自媒体新闻平台能够向社会大众传递新闻信息，社会大众也能将自己身边的新闻素材反馈给自媒体平台，进行双向合作的新闻内容编辑与制作。除此之外，各个新闻媒体机构之间也能够进行联合报道，拓宽了新闻信息源的范围。

（七）传播价值的同向性

在新闻传播过程中，传播的主体和受众的需求方向决定了新闻传播的价值。而传统主流新闻媒体在新闻制造过程中，传播的主体（即新闻媒体机构或者组织、个人）通常会参照自身的价值观念来对新闻的内容价值进行判断，并根据新闻内容的重要程度对其进行筛选，最后经过层层的筛选，将最核心的新闻信息通过各个新闻媒体平台传播到社会受众的受众，而受众又会根据自身的价值判断、兴趣偏好再次对新闻内容进行筛选和过滤。在传统主流新闻媒体传播的过程中，新闻内容的价值高低、影响力大小、是否会引起社会恐慌和混乱都是新闻内容能否发布出来的重要影响因素，所以传统主流新闻媒体传播对新闻工作者自身的专业性、新闻敏锐度和判断力有着极高的要求。

而在自媒体新闻传播的过程中，多元化的传播主体使得新闻信息的内容和来源也变得多样化。受众接收到的信息也并不一定是主流媒体传播出来的。在这种情况下，受众必须对海量的信息进行筛选，从而选择出自己感兴趣、符合自身价值取向的新闻信息。在这种情况下，不断对新闻和受众群体进行细化，在同一个社交圈层内，传播的新闻价值就有了同向性。这种同向性使受众能够在自媒体新闻传播过程中快速找到符合自己喜好和需求的新闻内容，并找到适合自己的"新闻圈子"，满足自己的社交需求。这种新闻传播模式更具亲民性、草根性和趣味性。

第二节 自媒体新闻传播中的伦理问题

新闻传播伦理是指新闻传播行为伦理道德层面的知识规范，其影响贯穿新闻传播的整个过程。在自媒体环境中，新闻传播过程中存在的伦理问题逐渐凸显，不仅违背了社会公序良俗，还会在一定层面上给新闻的主人公带来一些伤害，甚至影响社会风气，不利于营造和谐社会氛围。在自媒体新闻传播下，每个人都有可能成为新闻内容的主人公，某些人为了营造噱头、博眼球、引流量，恶意捏造虚假不实的新闻信息或者擅自将别人的隐私公布于众。这些矛盾和冲突并不能够依靠新闻法律法规来解决，也给一些不法分子提供了"钻法律空子"的空间。

一、新闻传播伦理的内涵

新闻传播伦理是指：新闻传播主体（包括新闻传播组织、团体和个人）以及新闻传播的客体在新闻信息的制作、传播和接受过程中，应当遵守的伦理道德规范和准则，以及新闻传播的主体和客体为履行其角色职责应具备的道德观念与修养。新闻传播属于公共行为的范畴，在新闻传播的过程中，人与人、人与社会、人与机构组织之间不可避免地要产生一些社会关系，而新闻传播伦理就是在这种关系之下形成的社会行为规范。作为一种社会意识现象，它同其他社会道德一样，是在一定的社会条件下形成的，具有历史性、社会性，其内容和形式随着社会经济形态以及该新闻传播形态的发展而变化。

新闻传播伦理要切合社会伦理秩序，即新闻传播者、受众在伦理道德层面上要与社会的伦理道德保持一致。新闻传播的主体是社会大众，必然会受到社会道德的制约。新闻的采编、传播以及发挥功能的过程，都是在当下社会的伦理体系中进行的。

二、新闻传播伦理的功能

（一）对新闻传播受众的认识教育功能

新闻传播的主体是社会大众，传播过程中新闻工作者会根据自己的价值判断来甄别有效的、能够反映社会风尚的信息。受众获取的新闻信息，往往是被识别和筛选过的，不仅暗含了新闻传播主体自身的主观意识情感，还包含了社会意识层面的教育引导，使得新闻传播的内容能够有效引领社会大众的主流价值观，使社会大众能够将其内化为自身的社会实践行动指导，从而形成良好的社会风气，促进和谐社会的发展。

（二）对新闻传播活动的调节功能

新闻传播伦理是新闻工作者在从事新闻传播活动时应该遵循的行为准则。通过道德伦理的约束，人们能够自觉遵守社会公序良俗，使自己的新闻传播行为与社会价值观相契合。新闻伦理主要是依靠对舆论内容的褒贬、评价、教育感化等，将新闻伦理内化为新闻传播主体自身的品格，成为其今后在新闻传播活动中的行动指导。

（三）对社会舆论的价值引导和道德示范功能

新闻传播伦理能够帮助新闻传播的主体建立正确的新闻道德价值观，不仅表现在新闻的选题、报道角度以及新闻内容的遣词用字上，更表现在新闻内容传递出的社会风尚引导上，真实客观、导向正确的新闻报道对营造良好的社会价值观和提升个人修养具有积极的作用，也能够有效激发社会大众的"趋同心理"。

三、新闻传播伦理的基本内容

新闻传播伦理是人们在长期的新闻传播过程中总结积累出来的一系列伦理道德行为规范，新闻传播活动属于社会活动的范畴，既要遵循社会行为道德规范，又要根据新闻传播活动的特点关注特定的伦理规范。

（一）真实客观

真实性是新闻传播的首要原则，也是构成新闻的基本条件。新闻工作者要客观真实地反映新闻事件的内容，不能掺杂任何的主观意识和情绪。随着社会的发展，社会公民参与新闻传播活动的程度越来越高，了解真实的时政新闻、科技创新、经济发展、文化繁荣等信息的需求更加强烈。真实有效的新闻信息是社会大众对主流新闻媒体产生依赖和认同的必备条件之一。只有在新闻传播中坚持真实客观的原则，才能帮助社会大众正确了解社会发展的动向，引导人们形成正确的价值观。

（二）公平正义

公平正义是社会伦理重要的原则之一，也是新闻传播活动的基本伦理原则之一。只有坚持公平正义的原则，并以公平正义作为新闻传播行为的道德指向，探求事实真相，对社会大众的行为进行有效监督，才能在社会中形成良好的氛围，真正促进社会公平。公平正义要求新闻传播主体在传播新闻内容的过程中，不被黑恶势力压迫，不受金钱、名利、地位的诱惑，坚持将真实的新闻事件报道呈现给社会大众，促进社会公平正义。

（三）中庸适度

中庸是我国儒家思想中最高的伦理道德标准，同样也适用于新闻传播活动。新闻工作者在新闻传播活动中的各个环节都要拿捏好分寸，做到恰到好处，拒绝片面、极端、虚假的信息，掌握平衡和适度的报道原则，这样新闻传播报道才能收获最佳的传播效果。但在自媒体环境下，各种"偷拍新闻"事件层出不穷，甚至部分人为了营造噱头、博取流量和关注，擅自对新闻进行恶意揣测，给他人造成了不可避免的伤害，也给社会带来了一系列的负面影响。

（四）人道主义原则

人道主义原则是指在新闻传播过程中要把人的价值放在第一位，尊重和肯定人的生命、价值、尊严以及精神追求。在新闻传播领域中，人道主义是指在新闻传播的过程中要富有同情心和爱心，尊重每个生命存在的意义和价值，面对天灾人祸、暴力犯罪、弱势群体、受害群众时，新闻传播的主体要考虑到主人公的感受，给予相应的关怀和尊重，在对新闻内容进行正确报道的同时，还要防止受害者因为事件的再次公开而受到二次伤害。

自媒体传播伦理是基于自媒体环境之下的新闻传播伦理规范，是在自媒体平台上开展有效的新闻传播活动的道德保障。由于网络科技的迅猛发展，自媒体环境下的新闻传播与传统主流媒体环境下的新闻传播存在着本质上的差别，那就是话语权和知情权不再掌握在少数人新闻媒体工作者的手中，而是掌握在社会大众的手中。这也给社会公共新闻传播带来了更多的伦理道德问题。新闻传播作为一项社会公共行为，必须协调好新闻媒体之间、媒体与受众之间、受众与受众之间的关系，结合自媒体传播的特点，积极发挥新闻道德伦理的作用，促进自媒体环境下新闻传播事业的健康发展。

四、自媒体新闻传播环境下新闻传播伦理失范的表现

自媒体的迅速发展在一定程度上增强了社会大众的民主意识和责任意识，社会大众对新闻事件、社会热点的判断能力和应对能力也随之提高。但是，随着自媒体的发展，新闻传播伦理失范的问题也接踵而来，影响了社会的稳定发展。

（一）虚假信息泛滥

虚假信息泛滥是新闻信息传播过程中最常见的一种新闻传播伦理失范问题。虚假新闻信息是指不能正确反映事物本来面貌，带有虚假成分的信息报道，会给受众带来一定的信息误导，恶意揣测和片面夸大、抹黑等都会导致新闻受众对新闻内容的主旨不清楚，甚至引起社会恐慌。一方面，自媒体环境中，媒体平台将内容生产、传播与受众

的社交相结合，媒体平台所具有的庞大用户数量能够促使新闻在短时间内迅速传播。这便使得一些所谓的"猛料""大瓜"在未经证实的时候，就迅速被多个社交媒体平台的用户进行转载和分享，形成了舆论热点。另一方面，网民们在网络环境中辨别新闻信息真伪的能力有限，许多不法分子打着"权威专家"的旗号恶意传播一些不实的言论或信息。当然，随着自媒体网络环境的不断建设，不法分子编造虚假信息的手段越来越"高明"。例如，通过一些所谓的"噱头"标题吸引人们阅读，从而增加流量获得收益。在涉及一些公共事件、卫生安全、天灾人祸等与大众生活息息相关或者热点敏感度较高的话题时，不法分子会在大量的真实新闻报道中掺杂一些虚假的信息，使人们不能够分辨出信息的真伪，而盲目地进行传播，在一定程度上导致了社会恐慌。

（二）低俗信息

低俗新闻信息是指部分新闻传播者为了追求经济利益、博眼球、提升知名度、迎合部分低级趣味审美的受众群体，而不顾社会道德规范而传播的新闻信息，这些新闻的内容往往是没有价值的、不雅的、影响社会风气的新闻内容。低俗新闻信息的内容往往涉及暴力犯罪、色情、利益交易等。最明显的就是互联网关于"出轨、离婚、丑闻"等一类的新闻信息，通过强烈的刺激性标题引发部分受众的猎奇心理，从而获得流量和关注。在自媒体的大环境中，受众传播、获取信息相对自由，这也给某些不法分子传播低俗信息提供了空间。

（三）媒介审判

媒介审判现象由来已久，是指新闻媒体超越司法程序，抢先对涉案人员做出定性、定罪、定型以及胜诉或者败诉等的结论，媒介审判的报道在事实方面往往是片面的、夸张的，它的语言往往是煽情式的，力图激起受众对当事人强烈的憎恨或者同情。媒介审判通常发生在暴力伤害、刑事犯罪等新闻事件上。在新闻事件发生之后，部分新闻媒体在没有明确证据的情况下仅凭猜测和推断判定事情的起因、经过和结果，并擅自将猜测的结构公布在网络平台上，引发公众的讨论。部分受众因为缺乏对事件的判断，轻信了网络上的谣言，从而要求按照自己认为的真相进行审判。这种虚假的言论会在网络上形成一定的影响力，从而给司法审判带来一定的压力。

（四）侵权行为严重

所谓新闻侵权行为，是指在新闻媒体和新闻采写的过程中利用新闻媒体对公民、法人或者其他社会组织造成的不法侵害的行为。在自媒体环境中，新闻侵权主要表现为侵犯知识产权、名誉权、肖像权、隐私权等。与以往不同的是，在自媒体环境中，新闻侵权表现出了不同的特点。第一，新闻传播主体复杂，既可以是专业的新闻机构，也可以是普通的社会大众，这就导致在新闻传播的过程中可能涉及多方面的主体，使得侵权行为的主体难以判定；第二，自媒体环境中，新闻信息能够在短时间内实现裂变增长，部分受众识别新闻信息真伪的能力较差，在未经核实的情况下就对侵权信息擅自进行转发和传播，造成了侵权新闻难以判定的情况。

自媒体平台的一些新闻传播主体，尤其是网络编辑，主要是通过浏览网站网页、微博客户端、微信公众号等发掘有价值的新闻信息，直接进行复制转载或者抄录。虽然我国加大了打击、处罚此类侵权行为的力度，但是大量雷同、虚假信息仍然层出不穷，许多摘抄、引用的信息并未注明文章内容的来源和出处，涉及侵权。更有甚者，公布通过"人肉搜索"公布他人信息资料，这严重违背了社会公序良俗。

五、自媒体环境中新闻传播伦理失范的原因

在自媒体环境中，出现新闻传播伦理失范现象的原因有很多，需要从多个方面进行研究。就其本质而言，新闻传播伦理失范、是道德问题，相关的新闻法律法规并不能够对新闻传播主体进行正确、及时的约束，导致新闻传播过程中无视道德底线、影响社会风气的现象时有发生。在市场经济环境中，新闻传播不再是单一的文化宣传活动，而是与经济活动、社会活动等挂钩，这也就意味着在新闻传播的过程中，新闻主体很可能受到各方面的诱惑、引导，导致新闻内容出现失真的现象。

从媒介平台自身的因素进行分析，自媒体平台将新闻传播活动与社交活动相结合，使得新闻传播主体与新闻受众两者之间的界限越来越模糊，新闻主流媒体的话语权不断"下沉"，导致传统新闻传播过程中"新闻把关人"角色缺失，从而使得新闻信息的准确性、可靠性、真实性得不到保障。

（一）"眼球经济"下的逐利行为

在自媒体环境中，网络新闻信息呈现"爆炸式"的增长态势，如何在碎片化阅读的趋势下迅速抓住受众的眼球，引起了人们的探讨。在这种情况下，"标题党"应运而生。标题党是指利用夸张的标题来吸引受众，而文章的内容却是非官方来源的"小道消息"，或者是不实的、虚假的、掺杂其他商业广告信息的一种行为。在自媒体环境下，新闻传播伦理失范的事件频发，这与"眼球经济"背后的逐利活动有着分不开的关系。不仅是舆论媒体，在任何领域下的违背社会道德伦理、影响社会公序良俗的行为都与过于追求经济利益有直接的关系。在"眼球经济"之下，一些人通过炒作、夸张、捏造事实、恶意揣测

来吸引用户注意，获取相应的关注度和经济效益，进而实现盈利。一些新闻媒体如果不能长久地吸引社会大众的关注，很快就会被人们遗忘，或者被其他的新闻媒体"取而代之"。这就需要新闻媒体无论是在新闻报道的速度上，还是在数量上都要比以往更加活跃，持续地保持受众群体的稳定增长，在获得较高的点击率、访问率之后，实现稳定的效益增长。

除了利用带有噱头的标题博得用户的关注，不少媒体机构或者新闻传播主体还在内容上"下功夫"。为获取更高的经济利益，许多新闻媒体机构都对新闻内容中伦理缺失的新闻报道采取纵容的行为。例如，通过一些爆炸性的新闻标题吸引用户，在文章中带有一些包含色情、暴力犯罪、八卦的新闻信息或者视频资源，或者在文章中插播"商业广告"，不仅降低了新闻内容的质量，还严重污染了自媒体平台的舆论环境。大量的虚假不实信息充斥在网络环境之中，使得人们判断新闻信息的价值标准逐渐模糊起来，这不利于主流意识的传播和引导。

（二）"把关人"身份缺失

在新闻传播的过程中，存在着"把关人"这一概念，只有符合"把关人"规范或者价值标准的新闻信息内容才能够进入社会中传播。简而言之，在主流新闻媒体中，"把关人（新闻媒体机构工作者、传播者）"的就是在新闻内容在进入社会大众传播之前，对新闻的内容进行筛选和过滤，保证新闻内容的情感表达和价值观导向能够有效与社会风气相契合，有利于营造良好的社会风尚。就传统主流媒体而言，新闻把关人的角色多为新闻事件的策划者、新闻编辑、相关记者以及新闻报道人，他们的工作就是在新闻信息流入社会之前对新闻信息的内容进行层层筛选，保证新闻内容的真实性、可靠性以及正确的价值导向。

但是在自媒体环境中，新闻传播和报道不再是新闻工作者的专属行为，普通的社会大众也能够进行新闻信息的生产、传播活动。普通的社会大众在进行新闻传播时，往往是按照主观意识对新闻事件的内容以及价值导向进行评判，"把关人"的身份作用严重缺失。由于自媒体新闻传播建立在高速信息传播的网络环境之中，传播模式并不像传统新闻中由点到线、由点到面的传播过程，而是发散式、玩转式、裂变式的信息传播过程，一条网络新闻信息可能在同一时间内进行多次的转发和分享，这就使得新闻传播过程中的"把关"过程难以得到控制。

（三）碎片化信息传播

自媒体作为新生的事物，其进步性和便利性给人们的生活带来了很多优势，但是其在发展过程中存在的问题，也为新闻传播伦理失范埋下了隐患。随着自媒体的建设与发展，在一些新闻伦理失范问题逐渐出现，给广大的受众群体带来了伤害。例如，以碎片化的信息传播为例，微信、微博、抖音等自媒体社交平台上的新闻信息均具有碎片化的特点，虽然能够方便人们在快节奏的生活环境下选取自己想要的新闻信息，但也使得一些虚假的新闻信息在社会中广泛传播开来。部分新闻媒体往往仅凭只言片语的猜测便对整个事件进行评判，导致一件新闻事件的"风向"一转再转。部分新闻媒体正是抓住了受众想要了解真相、洞察全貌的心理，将一整件新闻事件分割成好几部分，将其中的热点、高潮放大，激发人们的好奇心，引导社会舆论。虽然这样做能够吸引受众的关注，但在前期仅仅将新闻事件内容的一部分、"高潮"公之于众，很容易误导群众，许多网民仅仅依靠标题就对事件进行评论和猜测，很容易影响其他受众的判断，进而影响网络秩序。部分网络民众对新闻事件的内容不了解，不理智的言论很容易激发群众的"骂战"，由最开始的意见不同上升到人身攻击，不利于和谐社会的构建。

与传统新闻传播渠道不同的是，在自媒体环境下，新闻传播的范围往往与人们的网络社交范围重合，所以大部分人会认为"熟人传播的消息可信度更高"，从而导致新闻信息在短时间内大量传播和转载。一些虚假的信息在朋友圈"发酵"，部分人往往不加辨认就轻易相信，最后演变成谣言。这也是网络诈骗猖獗的根本原因之一。

（四）流量红利下的"猎奇心理"

信息科技手段的不断升级，给人们带来了极大的便利，成为人们生产生活中不可缺少的工具。但是，这也给一些不法分子提供了手段，在巨大的流量红利之下，"窥私欲"的不断膨胀也给一些"狗仔队"钻了空子，影响了人们的正常生活。例如，互联网的发展给人们带来了全新的体验，但通过网络进行"人肉搜索"挖隐私、进行人身攻击的事件层出不穷，有的不仅是针对事件本身，还上升到主人公的工作、父母、家庭亲属等，对他人的身心健康造成了严重的危害。

第三节　自媒体新闻传播对传统新闻传播的解构与重塑

自媒体给传统新闻媒体的发展带来了挑战与颠覆，也弥补了传统媒体在发展过程中的劣势与不足。探索自媒体与传统媒体合作共赢、融合互补的新闻传播方式，已经成为我国新闻事业未来的发展方向。

一、自媒体新闻传播对传统新闻传播的解构

"解构主义"属于哲学范畴，简而言之，解构主义就是打破原有

的单元化秩序，先破后立，即在打破原有和合理的秩序基础上，转而创造更加合理的秩序，用先解分再重构的观念，强调打破、叠加与重组，重视个人、个体的力量，关注个体本身。从新闻传播的角度来说，解构意味着自媒体新闻传播打破了传统新闻媒体单向化的新闻传播方式，分散了传统媒介的传播特权，不断将新闻的话语权和知情权"下放"，使得新闻生产、传播的权力转移到了普通大众的手中。

（一）新闻传播者

在传统的新闻传播中，新闻传播的主体是专业的新闻工作者，而在自媒体环境中，原来由少数新闻工作者承担的新闻传播任务逐渐被社会大众分散，这是自媒体新闻对传统新闻传播最直接也是最彻底的解构。这一重要转变成功地让新闻内容的话语权和知情权回到了大众的手中，打破了传统新闻传播中受众与传统主体对立的局面，实现了新闻传播者和新闻受众的两者统一。传统新闻传播机构的"传播特权"逐渐被分散。

（二）新闻内容

在传统新闻信息的生产传播过程中，先由新闻工作人员收集新闻信息，经过层层审核后再将新闻的内容发布出来，保证新闻的内容舆论导向正确，契合社会主义核心价值观。在自媒体环境下，新闻信息传播的主要主体由专业的新闻工作者转向了社会大众，而普遍的社会大众并没有树立过滤新闻的意识，往往是未经审核就将身边的消息发布在网络上。在新闻信息发布之后，主流媒体、社会大众再根据新闻的内容进行评论，判断新闻信息的价值。这种"发布—过滤"的传播方式使得市场上新闻信息的质量良莠不齐。就其本质来讲，传统新闻信息传播的关键环节就在于审核，收集信息、发布信息并不难，难的是如何将收集到的信息"合适"地发布出去，即发布的信息必须要符合社会大众的主流价值观，弘扬社会正能量，以正确的舆论导向和丰富的价值影响社会大众。

（三）传播方式

传统新闻传播方式，是沿着传播者、信息、媒介、受众以及反馈这一单向的线性传播模式进行的，新闻信息的传播者通过新闻机构、媒体将信息传播出去，并得到相应的反馈。这种线性的传播方式耗费了相当长的时间，使得新闻信息传播有了一定的滞后性，用户接收到新闻信息时，其内容已经失去了时效，而想要获得相应的反馈则需要更长的时间。

随着自媒体的不断普及，新闻信息的传播方式得到了极大的改善。自媒体用户凭借其所在的"社交圈层"能够使信息实现"网状式"的传播，通过不断扩大的人际关系网络，几乎能够覆盖互联网下所有的自媒体用户，在短时间内达到较高的点击率。即时传播、即时互动已经成为自媒体新闻传播最明显的优势，不仅保持了较高的"新闻时效"，还能够在短时间内迅速形成热点舆论，便于新闻媒体机构了解民声民意，形成巨大的网络舆论传播力量。

（四）议程设置

在传统新闻传播的过程中，主流新闻媒体机构通过议程设置对传递给社会受众的新闻信息进行排序，按照一定的归类方法，在特定的时间精心排版，受众接收到的信息往往是经过精心挑选的。一般来讲，时政、科技、财经等重要的内容一般会是新闻板块的重要内容，通过这样的"拟态环境"来构建用户的信息环境。这样用户在不知不觉中就会认为特定时段播出的新闻、报纸的头版头条等是新闻中最重要的内容，受众并不能根据自己的喜好来选择新闻内容。在自媒体环境下,"议程设置"这一规则被打破,用户能够自己根据自己的喜好来甄别信息,判断新闻的重要程度。通过手机移动端可以对接收到的新闻进行转发和分享,用户自行能够将热点新闻事件汇聚起来,形成强大的舆论效应,加快新闻的传播。

二、自媒体新闻传播对传统新闻传播的重塑

自媒体与传统媒体在发展过程中表现出了不同的优势与劣势,自媒体的发展并不是要取代传统主流新闻媒体,而是要与传统新闻媒体探寻一条融合发展之路,发挥各自的优势,共同促进我国新闻传播行业的发展与壮大。实践证明,在自媒体环境中,传统新闻媒体传播并没有"退场",而是不断在多个新闻场合发挥着主流媒体的舆论引导、稳定民心、促进社会和谐的重要作用,真正达到了互为补充、互相促进的效果。

(一)传播者的角色互补

新闻传播者就是新闻传播过程中的主体,是整个新闻传播的源头,也是新闻信息的主要来源。不同的传播媒介拥有不同的传播主体。在传统新闻传播中,新闻的传播者是一个专业性的新闻媒介组织,这个组织主要是由新闻报道者、新闻采编、记者等这些从事新闻工作的专业人员构成的。这些专业的新闻工作者都经过不同程度的培训,能够在新闻传播的过程中主动把控新闻内容的质量与导向,履行工作职能,能够及时察觉到身边的新闻热点,进行专业化的报道。而且,主流媒体的新闻工作者一般拥有较高的文化素养,能够对新闻事实进行客观、公正的传播。相对于传统主流媒体的新闻工作者来说,自媒体环境下的社会大众对"新闻信息"的概念并不了解,没有接受过专业的新闻

理论知识。但是，社会大众参与到新闻信息的传播之中，其传播的新闻信息内容更加广泛，能够覆盖到社会发展过程中的各个行业、各个角落。在自媒体上发布的新闻信息纯属个人立场，代表的是自身对某件事件的看法或评论，也不受任何一个组织或者机构的约束。

自媒体与传统新闻媒体的互补，正好有效填补了新闻传播过程中的空缺与不足。举例来讲，以往传统主流媒体的新闻报道都是通过新闻组织机构向社会进行传播，社会大众仅仅是一个被动的新闻接收者的角色，并没有太多的存在感。新闻受众也仅仅能了解到新闻媒体呈现出来的新闻信息，无法更进一步掌握新闻信息的知情权和话语权。新闻传播主体与受众之间呈现了一种"不对等"的状态。然而，随着自媒体的出现，新闻传播的主体范围逐渐扩大，人人都能够成为新闻的传播者，普通的社会民众也能够加入新闻话题的生产过程，新闻话语权的不断下放，拉近了传统媒体与受众之间的距离，公民的新闻参与意识得到了显著的增强。自媒体和传统媒体的相互补充有效扩大了新闻传播的工作队伍，大大弥补了传统新闻传播中由于新闻工作人力不足、传播者结构单一而出现的新闻信息源短缺的问题。随着社会经济发展的步伐日益加快，媒体每天都会产生数以万计的新闻内容，而新闻工作者无法及时预见新闻的发生，只能够在新闻事件发生后再进行报道，而有了社会大众作为补充，能够真正做到新闻的即时报道、即时传播。新闻报道主体的多元化，同时也增强了普通的社会大众对新闻生产以及新闻报道的参与积极性，提高了社会受众在新闻传播过程中的地位。

（二）传播内容覆盖面的互补

内容是新闻传播活动的中心，是新闻事件的外在表现形式。传统新闻媒体能够对新闻内容的质量进行严格把控。从新闻信息的采集、编撰、审核、复核直到呈现给受众之前，都能对新闻信息的传播内容进行严格审查，这就导致传统主流新闻媒体传播的内容可信度高，信服力强。传统主流新闻传播往往是社会主流意识的灌输，也是对社会风气的倡导，传统新闻媒体承担着稳定民心、促进社会和谐的重要职责。与之相反，自媒体环境下新闻内容制作的流程往往较简单，且大多数新闻制作者并非专业的新闻人士出身，新闻内容的发布与审核也并不需要专业、复杂的审核步骤，呈现出来的内容也更加多样化，更符合普通社会大众的心理特点。

传统新闻媒体报道与自媒体环境下的新闻报道相融合，在传播的内容上能够达到一种互补的平衡状态。一方面，传统主流新闻内容一般是从宏观角度看待整个事件发生的起因、经过、结果，结合新闻事件发生的政治背景、经济文化背景对事件做出中肯、全面、客观的评价，帮助受众群体认识新闻事件发生的意义与价值，引导社会主流舆论趋势。另一方面，自媒体环境下的社会大众更倾向于从微观视角来看待新闻事件发生的过程，侧重于个人情感价值以及主观意识的表达。二者在新闻传播内容上的相互补充既有利于帮助受众更直观、更全面地了解新闻事件的真相，也能够通过"讨论互动"的形式提升受众的参与感，帮助新闻媒体全面了解社会发展过程中人民的思想动态，促使传统新闻媒体舆论发挥监督功能。传统媒体理性的价值判断与自媒体感性的情感表达使得我国的新闻报道逐渐向着"有深度更有温度"的方向发展，加强了新闻传播在引导社会舆论、稳定社会民众方面的重要作用，有效增强了普通社会大众对新闻事件的认知，提高了社会公民的责任心。

（三）媒介形态互补

新闻媒介是新闻传播行为得以实现的物质手段，包括多种媒介形态，如，报纸、杂志、广播、电视、网络、手机等。其中，传统媒体的主要传播媒介是报纸、杂志、广播和电视，而自媒体的传播媒介主要是网络和手机移动端。对于传统媒体来说，媒介的形态与传播特点决定了其新闻生产过程必然会受到时间、版面等各种因素的制约，这也决定了传统新闻传播主体的"精英性"和传播内容的专业性。以报纸为例，报纸通常是以天为单位进行新闻内容的生产，受报纸发行时间和版面的制约，新闻内容不能够过长，必须是较为重要的新闻内容才能够刊登。而且报纸的更新时间较长，当天发生的新闻事件必须等到第二天才能够在报纸上看到，这就导致新闻信息传播的严重滞后。电视的出现虽然加快了新闻的传播速度，但是人们必须在固定的播出时间段收看，一旦错过就会影响受众对新闻信息的接受效果。

随着自媒体环境的发展建设，传统媒体与自媒体的媒介平台实现了融合互补。自媒体搭载的手机等媒介平台允许人们在任何时间、任何地点进行新闻信息的传播与分享互动，有力地保障了新闻传播的时效性。新闻信息传播的内容也不用再受时间、地点等各种因素的制约，大大丰富了新闻信息传播的形式。在自媒体环境中，新闻信息的传播无须经过精心制作和层层审批，仅依靠简单的视频、图片、文字等多种信息元素的叠加便能够将内容快速传播出去。传统新闻传播媒介是单向的信息传播渠道，受众只能通过杂志、报纸、电视等了解新闻信息，不能及时有效地与媒体机构进行沟通与反馈。而自媒体环境中，互联网社交平台为受众提供了良好的新闻信息分享和互动渠道，这使得受众的新闻传播参与意识和互动意识也明显增强。

自媒体与传统媒体的媒介都在不同的领域发挥着独特的优势，在公共新闻事件的报道中，两者的互补性优势则更加明显。发生公共事件之后，自媒体受众能够快速地承担新闻报道的责任，第一时间利用手机将现场的情况发布出来，弥补了传统媒体无法及时有效到第一现场进行新闻报道的不足。这种非正式的报道虽然存在一定的局限性，但受众能够第一时间掌握新闻的内容。而传统媒体也能够通过自媒体受众提供的线索、佐证材料为全面、客观的新闻报道作出补充，进行更深层次的新闻报道，引领社会舆论导向。普通大众能够利用即时通信工具以文字、图片、视频或者直播的形式对新闻现场进行实时报道，连续性、片段性的信息报道能够让受众在第一时间了解新闻的最新进展情况，而传统新闻媒体则能够利用自身的专业性对社会公众提供的新闻内容进行核实，及时纠正社会舆论导向，保证新闻事件的影响朝着良好的方向发展。

（四）受众范围的互补

受众是新闻传播过程中的课题，是新闻传播活动产生的动因之一。随着社会的发展变化，新闻受众群体的偏好也各不相同。过去，我国社会大众的文化水平程度普遍较低，传统新闻媒体的受众群体主要是单一的知识分子，受众无法根据自己的喜好选择新闻内容。而且，单向的信息传播模式缺乏反馈机制，阻碍了新闻媒体与受众的互动交流，受众处于新闻传播链中的最低端，久而久之很容易丧失对新闻内容的兴趣，不能够形成稳定的传播群体。而在自媒体环境中，新闻传播的范围与受众的社交圈层融合，并能够依靠互联网、大数据、云计算对受众的偏好和需求进行划分，受众在浏览新闻信息的过程中，能够逐渐找到自己感兴趣的新闻方向。当受众找到自己感兴趣的新闻方向时，就可以依据互联网的社交属性找到同一爱好的群体，形成大规模的集聚效应，增强用户对新闻此类新闻的黏性。

对于受众而言，以社交圈层为主的传播形式更能够让其产生满足感。交互式的传播模式也使得新闻信息在传播过程中呈现裂变式的传播态势，受众无意识中就会加入新闻信息的传播过程中。基于社交属性的新闻传播方式使受众在新闻传播中的地位得到了提高，受众能够在社交圈子内就新闻的内容发表自己的看法，新闻信息的活跃度提高，新闻媒体机构也能够及时了解到用户对此类新闻信息的反馈，从而形成双向的信息传播机制。

（五）传播效果的互补

传播效果是指传播对人的行为产生的有效结果，具体指受众在接收到信息之后，在知识、情感、态度、行为等多个方面发生的变化，这通常也是传播活动的组织者在传播过程中想要达到的目的。对于传统媒体来说，其在新闻生产、制作、报道的全部过程中都存在"把关人"，把关人负责整个新闻传播环节的信息筛选和纠正工作。可以说，在专业化的新闻生产线上，"把关"是专业精神的要求和意识形态的渗透，能够对新闻内容的导向和舆论进行把控，确保新闻传播的内容能够契合主流价值观。这种把关的行为是对新闻传播效果进行把控的策略。而对于自媒体来说，公众的新闻传播是自发式的行为，"把关人"的缺失致使无法对新闻传播内容的价值、情感等多方面进行把控，新闻传播带来的舆论效果也变得不可控制。自媒体传播具有超强的扩散性和互动性，新闻内容的导向也会根据受众的看法和评论变得"一转再转"。许多带有个人情感和意见倾向的评论在不知不觉中也会影响受众对此类新闻的看法和认知。从某种程度上来说，自媒体新闻传播更像是普通民众个人意志和观点的体现，利用自媒体进行新闻传播，效果也会更好，受众的活跃度和参与度也更强。

新的传播模式的出现并不意味着对传统传播模式的否定，而是在继承和发扬其优势的基础上，实现两者的融合，创造更加完善、更加符合时代特点的传播机制。在新时代，科技的发展给新闻传播带来了不可多得的机遇，同时也使其面临着一定的挑战。新闻媒体工作者必须树立创新意识，主动探索新时代新闻传播的途径，深刻把握新闻传播的内核，无论面对怎样的困难和挑战，都要坚守新闻工作者的初心与责任，将真实、客观的新闻事实第一时间公布出来，以受众的实际新闻需求为引导，搭建信息化、数字化的新闻传播平台，丰富新闻信息传播的形式，提高新闻传播的时效性，发挥新时代主流新闻媒体应该承担的责任。

参考文献

[1] 龚梓瑜. 融媒体环境下新闻传播的实施路径及创新探究 [J]. 中国地市报人，2023(08)：28-30.

[2] 周子琪. 自媒体对传统新闻传播的解构与重塑 [J]. 新闻潮，2023(08)：59-61.

[3] 胡静静. 财经新闻短视频传播策略研究 [D]. 蚌埠：安徽财经大学，2023.

[4] 隋松莉. 主流媒体在短视频平台的传播策略研究 [D]. 烟台：烟台大学，2023.

[5] 龚淑萍. 中国网络新闻传播的发展现状与对策研究 [D]. 南宁：广西大学，2004.

[6] 欧晓玉. 融媒体时代改进电视新闻传播策划的路径研究 [J]. 新楚文化，2022(10)：73-76.

[7] 王储. 短视频新闻主持人语言风格特征研究 [D]. 长春：东北师范大学，2022.

[8] 张卓. 融媒体电视新闻节目的传播策略探究 [J]. 新闻文化建设，2022(11)：139-141.

[9] 翟颖娜. 生活政治视角下主流媒体传播创新研究 [D]. 郑州：郑州大学，2022.

[10] 朱文兵. 县级融媒体新闻生产调查研究 [D]. 西宁：青海师范大学，2022.

[11] 庄小溪. 融媒体时代短视频新闻节目传播策略研究 [D]. 淮北：淮北师范大学，2022.

[12] 苏妮妮. 央视新闻官方账号在哔哩哔哩平台的视频传播研究 [D]. 广州：广州体育学院，2022.

[13] 孙丽芳 . 湖南省地市级党报短视频运营现状与策略研究 [D]. 岳阳：湖南理工学院，2022.

[14] 赵雨璇 . 融媒体背景下主流媒体的新闻专业主义认知困境与理念重构 [D]. 武汉：湖北大学 ,2022.

[15] 马思来 . 少数民族地区政务新媒体新闻生产研究 [D]. 上海：华东师范大学，2022.

[16] 张骞 . "央视新闻"抖音号传播特征研究 [D]. 哈尔滨：哈尔滨师范大学，2022.

[17] 郑景之 . 融媒体时代四川观察抖音号短视频新闻传播策略研究 [D]. 西安：西安工业大学，2022.

[18] 杨栋盛，李洁 . 融媒体时代下电视新闻节目的碎片化传播策略研究——以《主播说联播》为例 [J]. 新闻文化建设，2022(06)：167-169.

[19] 郑彩燕 . 抖音 App 平台扶贫新闻的内容呈现及传播效果研究 [D]. 北京：中国政法大学，2022.

[20] 丁静 . 融媒体时代央视《新闻联播》传播语态研究 [D]. 乌鲁木齐：新疆大学，2021.

[21] 童岩 . 边界调适 [D]. 合肥：安徽大学，2021.

[22] 王晨光 . 县级媒体融合发展的困境与路径研究 [D]. 济南：山东师范大学，2021.

[23] 武竹昕 . 人民日报抖音号短视频新闻故事化传播研究 [D]. 太原：山西大学，2021.

[24] 尹程程 . 《人民日报》抖音号的短视频新闻传播研究 [D]. 长春：吉林大学，2021.

[25] 张昊 . 我国主流媒体短视频新闻传播内容研究 [D]. 成都：成都理工大学，2021.

[26] 李奇.自媒体传播的伦理失范与规避研究 [D].南京：南京财经大学，2021.

[27] 陈琳.融媒体时代电视新闻的传播策划 [J].声屏世界，2020(24)：84-85.

[28] 易伟斌.传播伦理视域下移动短视频伦理失范现象研究 [D].泉州：华侨大学，2020.

[29] 柴瑜竟.县级融媒体传播效果提升研究 [D].西安：陕西师范大学，2020.

[30] 郭奥彤.交融与共创：融媒体新闻生产的变革和挑战 [D].济南：山东师范大学，2020.

[31] 郑蕊.融媒体语境下传统电视新闻的线上转型研究 [D].沈阳：辽宁大学，2020.

[32] 蒲承.融媒体时代省级媒体新闻 App 研究 [D].重庆：重庆工商大学，2019.

[33] 王维振.媒介智能化对新闻传播主体的影响 [D].济南：山东师范大学，2019.

[34] 刘学波.全媒体时代主流媒体新闻产品创新研究 [D].长沙：湖南大学，2019.

[35] 肖圆圆.媒介融合背景下高校校园媒体整合发展研究报告 [D].贵阳：贵州民族大学，2018.

[36] 王九涛.融媒体时代电视新闻的传播策划 [D].济南：山东大学，2017.

[37] 王星.微信新闻传播与监管研究 [D].西安：长安大学，2017.

[38] 翟洋.自媒体新闻传播伦理失范问题探究 [D].石家庄：河北师范大学，2017.

[39] 王博.融媒体电视新闻节目的传播策略 [D].上海：上海师范大学，2017.

[40] 刘亚欣.传统媒体与新兴媒体新闻传播互动问题研究 [D].南宁：南宁师范学院，2016.

[41] 苏丹."全民围观"视域下自媒体传播对传统新闻的解构与重塑 [D].西安：陕西师范大学，2016.

[42] 苟蕊婷.全媒体时代网络体育新闻传播的特点研究 [D].西安：西安体育学院，2016.

[43] 杨学诗.全媒体视阈下"四个全面"传播模式分析 [D].北京：中国石油大学

（北京），2016.

[44] 穆浩宇 . 全媒体视阈下"四个全面"传播受众研究 [D]. 北京：中国石油大学（北京），2016.

[45] 刘晔菲 . 融媒体环境下新闻伦理失范现象研究 [D]. 苏州：苏州大学，2016.

[46] 赵宁 . 传统媒体和新兴媒体传播渠道融合策略探讨 [D]. 北京：北京印刷学院，2015.

[47] 焦阳 . 自媒体时代新闻传播的伦理问题研究 [D]. 秦皇岛：燕山大学，2015.

[48] 晏诗洁 . 自媒体与传统媒体新闻传播的互补性研究 [D]. 湘潭：湘潭大学，2014.

[49] 戴仲辉 . 全媒体发展对我国新闻传播的影响研究 [D]. 锦州：渤海大学，2013.

[50] 陶然 . 全媒体时代广州亚运会报道模式研究 [D]. 武汉：武汉体育学院，2012.

[51] 赵欣 . 全媒体时代体育新闻报道特征及其发展对策 [D]. 武汉：武汉体育学院，2012.